Inés Hermann

Grüner Putzen

•

Natürliche Reinigungsmittel
selbst gemacht

ISBN 978-3-99025-288-8
© 2017 Freya Verlag GmbH
Alle Rechte vorbehalten

Layout: freya_art, Christina Diwold
Lektorat: Dorothea Forster
Fotos: Dr. Marc Hermann, Christina Diwold
weitere siehe Seite 128

printed in EU

———

Inés Hermann

Grüner Putzen

NATÜRLICHE REINIGUNGSMITTEL

SELBST GEMACHT

freya

Inhalt

Über dieses Buch

Als ich mich daranmachte, meine Rezepte aufzuschreiben, war es meine Absicht, den LeserInnen umweltschonende und natürliche Alternativen zu industriell gefertigten Reinigern vorzustellen. Viele Jahre habe ich mich intensiv mit dieser Thematik befasst, nun galt es, meine bewährten Rezepte auszuformulieren und auch die Wirkungsweise genau aufzuzeigen. Nach weiterer eingehender Recherche arbeitete ich meine Rezepturen noch detailreicher aus und stellte fest, dass diese letztendlich nicht nur umweltfreundlich, preiswert und gesundheitsschonend, sondern auch vegan sind.

GRÜNER PUTZEN LOHNT SICH!

Selbst hergestellte Reiniger schonen nicht nur die Umwelt, sie sind auch preiswert und reinigen zuverlässig. Das Wohnklima verbessert sich, allergische Reaktionen und Hautschädigungen beim Putzen werden gemildert.

GRÜNER PUTZEN IST NACHHALTIGER!

Aufwändige, umweltschädliche Verpackungen lassen sich vermeiden und durch schönere, wiederverwendbare Behältnisse ersetzen. Scharfe Gerüche werden gegen angenehme Düfte ätherischer Öle ausgetauscht. Selbst gefertigte Putztücher aus Naturmaterial ersetzen minderwertige Kunststofftücher, die schnell weggeworfen werden.

GRÜNER PUTZEN MACHT MEHR SPASS!

Schon das Sammeln der pflanzlichen Zutaten bereitet mehr Freude als der Griff ins Supermarktregal. Sogar Kinder können mit einbezogen werden, denn Geschirrspülen mit pflanzlichen Tensiden schadet selbst der zarten Kinderhaut nicht, wohingegen unsere Kleinen nicht einmal in die Nähe konventioneller Reiniger kommen sollten.

PUTZEN – KRAFTSCHÖPFENDE FITNESS!

Unserem Körper ist es egal, ob wir Sport treiben oder putzen. Ausreichend Bewegung ist wichtig, sie regt den Stoffwechsel an, verbrennt Kalorien und hält uns fit. Selbstverständlich müssen die richtigen Bewegungsabläufe eingehalten werden, Für zusätzlichen Schwung sorgt die richtige Musik.

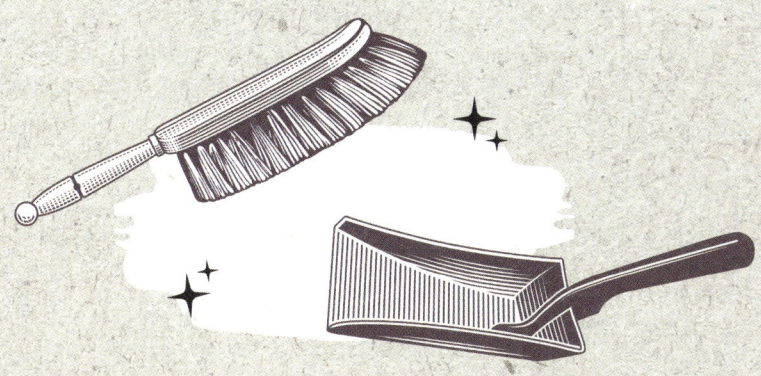

PUTZEN – EINE WISSENSCHAFT FÜR SICH!

Für meine Recherchen las ich mehrere Bücher über Hauswirtschaft. Darin fand ich immer wieder den Begriff „Sinner'scher Kreis". Benannt ist dieser nach dem Chemiker Dr. Herbert Sinner. Putzen ist tatsächlich ein Thema, dem sich dieser Wissenschaftler im Rahmen seiner beruflichen Tätigkeit für die Waschmittelindustrie gewidmet hat.

Der Sinner'sche Kreis besagt, dass ein Reinigungsergebnis von den Faktoren Mechanik, Temperatur, Reinigungsmittel und Zeit abhängt. Wird einer der Faktoren verringert, muss mindestens ein anderer vergrößert werden. Möchte man zum Beispiel weniger Reinigungsmittel benutzen, dann muss die Mechanik verbessert oder die Temperatur erhöht werden. Der Sinner'sche Kreis ist also die Basis für eine erfolgreiche Reinigung. Dann liegt es an uns, wie wir die einzelnen Segmente zugunsten der Umwelt verteilen!

PUTZEN – EIN NOTWENDIGES ÜBEL?

Ich ging der Frage nach, warum putzen überhaupt so unbeliebt ist. Je intensiver ich mich damit beschäftigte, desto tiefer tauchte ich in die Problematik der Ungleichbehandlung von Mann und Frau ein. Jahrhundertelang war die häusliche Reinigung allein die Aufgabe der Frauen. Eine eintönige, Kräfte zehrende Arbeit, die sich ständig wiederholte. Wie selbstverständlich hatte die Frau dafür zu sorgen, dass das Haus sauber und in Ordnung war. Doch dafür gab es keinen Lohn, sondern ihre Arbeit wurde und wird immer noch gering geschätzt. Schon die sprachlichen Begriffe sagen viel über die Wertung der Hausarbeit aus: Die Hausfrau putzt, wäscht und kocht für den Hausherrn, der für den Lebensunterhalt sorgt. Die männliche Sprachvariante findet sich nur in der „Hausmannskost". Das Thema ist offensichtlich stark von der traditionellen Rollenverteilung geprägt. An dieser Stelle möchte ich an den im Bürgerlichen Gesetzbuch als „Gehorsamsparagraph" bezeichneten § 1354, erinnern. Erst am 18. Juni 1957 wurde der Paragraph, der dem Mann in einer Ehe das Recht zur Entscheidung aller das gemeinschaftliche eheliche Leben betreffenden Angelegenheiten zusprach, abgeschafft. Unsere Mütter und Großmütter konnten sich nur emanzipieren, wenn sie ein eigenes Einkommen erzielten. Um die zusätzlich anfallende Hausarbeit zu bewältigen, mussten zeitsparende, effiziente Haushaltsmaschinen her. Die Industrie stellte sich schnell auf die Bedürfnisse ein. Mit neuen, kraftvolleren Reinigern unterstützten sie die Hausfrauen. Ein behagliches, sauberes Heim trotz Erwerbstätigkeit war das Ziel. Die Segmente des Sinner'schen Kreises wurden nun neu verteilt.

Heute ist Putzen Partnersache. Bis in die 80er-Jahre waren putzende Männer Gegenstand schlechter Witze. Heute gilt das Modell der gleichberechtigten Partnerschaft und der Haushalt wird inzwischen sehr oft gemeinsam bewältigt.

Mein Weg zum ökologischen Putzen

Für mich ist die Herstellung von Putzmitteln kein Hobby, sondern ein Teil meiner Lebensführung. Als kritischer Verbraucher versuche ich unseren Haushalt von ungesunden und überflüssigen Produkten freizuhalten.

Doch aller Anfang war schwer. Als ich 1982 meinen eigenen Haushalt gründete, war vor allem kraftvolle Hygiene gefragt. Chemische Keulen, die ohne großen Aufwand nicht nur den Schmutz, sondern auch Bakterien und hartnäckige Verkrustungen bekämpften. Mit Chlor und Phenol als Inhaltsstoffen sorgten sie nicht nur für porentiefe Sauberkeit, sondern auch für spektakuläre Haushaltsunfälle. Das achtlose Mischen der Reiniger ließ im Eifer des Gefechts gegen Krankheitskeime Kampfgas aus den Toiletten strömen. Die Wäsche war weißer als weiß und nicht nur sauber, sondern rein. Wer keinen Weichspüler verwendete, dem wurde von der Werbung ein schlechtes Gewissen eingeredet.

Da stand ich ganz schön verlassen da mit meinem Eimer Schmierseife und einer Flasche Essigessenz. Dabei wollte ich doch nur die unglaublich verschmutzten Gewässer entlasten. Durch meine Heimatstadt Aalen floss eine stinkende Kloake, weil sowohl Industrie- als auch Haushaltsabwässer ungeklärt in die Flüsse geleitet wurden.

Parallel dazu entwickelte sich ein weiteres Problem: Der steigende Konsum ließ die Müllberge anwachsen. Wertvolle Rohstoffe wurden mit viel Energie zu Wegwerfartikeln oder Verpackungen verarbeitet. Leider hält diese Entwicklung immer noch an, darüber kann auch das Recycling nicht hinwegtäuschen. Um meinen Beitrag zur Müllvermeidung zu leisten, habe ich es mir zur Gewohnheit gemacht, mein eigenes Kaufverhalten immer wieder kritisch zu überdenken.

Ich musste meine Verweigerungshaltung gegenüber dem gängigen Konsumverhalten immer wieder begründen. Es war mühselig zu erklären, dass der Ursprung meiner sparsamen Lebensführung weder Geiz noch Armut war. Immer wieder musste ich mir anhören, dass meine Bemühungen nur ein Tropfen auf den heißen Stein sind. „Was willst du schon ausrichten? – Du änderst die Welt doch auch nicht!"

Am 26. April 1986 ereignete sich die Nuklearkatastrophe von Tschernobyl. Dieses furchtbare Ereignis rückte den Umweltschutz in ein breiteres Bewusstsein. Die Ökologiebewegung gewann an Bedeutung und meine subkulturelle Lebensweise war nun nicht mehr so unpopulär.

In den Jahren um 1990 widmete die „Hobbythek" einige Sendungen dem Thema „Ökologischer Hausputz und natürliches Wäschewaschen". Nun konnte ich weitere konventionelle Haushaltsreiniger durch milde eigene ersetzen und das Thema gewann ein breiteres Publikum.

Heute ist Umweltschutz „in", Bio-Produkte sind gefragt und so bedient die Industrie die Bedürfnisse der Verbraucher. Dennoch möchte ich die angebotenen Reinigungsmittel nicht ungeprüft kaufen. Die Hersteller von Wasch- und Reinigungsmitteln werben seit einigen Jahren mit der Umweltfreundlichkeit ihrer Produkte durch verschiedene Hinweise auf den Verpackungen. Mit fantasievollen Symbolen soll die Umweltverträglichkeit des Produkts gekennzeichnet werden. Doch zeigt zum Beispiel des Öfteren ein Blick auf die Inhaltsstoffe eines „Lavendelreinigers", dass sich der namensgebende Lavendel keineswegs unter den Inhaltsstoffen befindet. Und man stellt schnell fest, dass synthetisches Parfüm den angenehm frischen Lavendelduft hinterlässt und nicht etwa das natürliche ätherische Lavendelöl.

Heimische Putzmittelherstellung ist also längst kein preiswerter Ersatz mehr, sondern die gesündere, umweltfreundlichere Alternative.

Alternative Putzmittel: Sand - Soda - Seife

SAND - NATÜRLICHES SCHEUERMITTEL

Anhaftender Schmutz wird durch mechanischen Abrieb entfernt. Natürliche, feine Gesteinsmehle scheuern die krustigen Verschmutzungen weg und polieren die Oberflächen. Zusätzlich wird die Schmutzkruste aufgeraut, dann kann die Feuchtigkeit besser an den Dreck heran und ihn aufweichen.

SCHLÄMMKREIDE
(Calciumcarbonat, Kreide)

Schlämmkreide ist ein feines, mikrokristallines Sedimentgestein, das durch Ablagerung entstanden ist. Das Ausgangsgestein, die weiße oder hellgraue Kreide, entstand hauptsächlich in der geologischen Periode der Oberkreide. Das in Steinbrüchen abgebaute Gestein wird durch mechanische Trennverfahren von Verunreinigungen gesäubert – einer Schlämmung unterzogen.

Vor allem glatte, empfindliche Oberflächen können mit Schlämmkreide sanft und effektiv gesäubert werden. Badkeramik, sämtliche Metalle, Glas und das Cerankochfeld werden mit dem natürlichen Scheuermittel optimal gesäubert.

BIMSSTEINMEHL

Bimsstein ist ein sehr leichtes, poröses Vulkangestein, das sich bei explosiven Eruptionen bildet. Abhängig vom Entstehungsgebiet enthält der Stein in unterschiedlichen Zusammensetzungen vor allem Kieselsäure, Kaliumoxid und Natron. Reiniger mit einem Zusatz von Bimssteinmehl sind hervorragende Scheuermittel vor allem für Holzböden und weniger empfindliche Flächen.

WIENER KALK

Den Begriff „wie gewienert" hatte ich schon oft gehört, mir aber über die Bedeutung nie Gedanken gemacht. In einem alten Haushaltsbuch stieß ich auf den „Wiener Kalk" und da erklärte sich auch der Begriff. Wiener Kalk ist eine Mischung aus etwa 25 % Kaolinit und etwa 75 % sehr fein gemahlenem Quarz. Kaolinit ist der Hauptbestandteil der Tonerde Kaolin, dieser lockert die Quarzpartikel im Gemenge auf. Wiener Kalk poliert glatte Oberflächen glänzend sauber.

SODA – BEWÄHRTE HAUSMITTEL

NATRIUMCARBONAT

(Na$_2$CO$_3$, Waschsoda, Soda, kohlensaures Natron)

Natriumcarbonat wird durch Abbau natürlich vorkommender natriumcarbonathaltiger Minerale gewonnen. Das auch unter den Bezeichnungen (Wasch-) Soda oder kohlensaures Natron bekannte Reinigungsmittel ist preiswert in Drogerien erhältlich. Es darf nicht mit Natriumhydrogen- oder bicarbonat, das auch Speisesoda bzw. Speisenatron genannt wird, verwechselt werden. Das altbewährte Reinigungsmittel ist im Haushalt vielseitig einsetzbar. Soda ist stark alkalisch und löst hartnäckige Fettverschmutzungen, indem es die Fette verseift.

NATRON

Natriumhydrogencarbonat (NaHCO$_3$, Backsoda, Speisenatron, Speisesoda)

Natron ist wohl am bekanntesten unter den Markennamen *Kaiser Natron* und *Bullrich-Salz*. Im englischsprachigen Raum wird es meist *baking soda* (Backsoda) oder *bread soda* (Brotsoda) genannt. In einigen Ländern, wie zum Beispiel in Ägypten, gibt es natürliche Natronvorkommen. In Deutschland wird es aus Natriumchlorid gewonnen. Natron ist in vielen Mineralwässern und Heilquellen enthalten.

Natron ist im Haushalt als natürlicher, umweltschonender Reiniger ausgesprochen vielseitig einsetzbar. Unter anderem löst Natron Fettflecken und hartnäckige Verkrustungen in der Küche. Im Sanitärbereich ist es ein wunderbares Hilfsmittel, um Badkeramik von Kalk und Belägen zu befreien, Fliesen werden glänzend sauber, Fugen vom Schimmel befreit und verstopfte Abflüsse gereinigt.

SEIFE

Ich habe hier ganz bewusst herkömmliche Seife als Zutat weglassen. Als langjährige Seifensiederin verwende ich zwar handgesiedete Naturseife aus Pflanzenfetten, doch möchte ich hier echte Alternativen anbieten, die nicht voraussetzen, dass man Seife sieden kann.

Es gibt auch viele Rezepte für selbst gemachte Putzmittel, die Kernseife als Ausgangsmaterial haben. Doch diese möchte ich nicht verwenden, denn Kernseife wird traditionell aus Rindertalg (Sodium Tallowate) hergestellt. Nach der Verseifung wird die Seifenmasse ausgesalzen und der Seifenkern abgetrennt, zurück bleibt die entkernte Seife.

Der Hauptbestandteil von Öko-Kernseife ist Palmfett (Sodium Palmate), das kann ich aus ökologischen Gründen nicht vertreten. Mit 30 % Marktanteil ist Palmöl das wichtigste Pflanzenöl der Welt. Die Weltproduktion von Palmöl stieg in den letzten Jahren zum Teil über 15 % im Jahr. Während im Jahr 2001 noch 25,6 Millionen Tonnen Palmöl weltweit produziert wurden, waren es 2009 bereits 46 Millionen Tonnen, im Jahr 2015 stieg die Produktion auf 60 Millionen Tonnen. Die steigende Nachfrage des kostengünstigen Palmöls hat eine großflächige Abholzung der Regenwaldflächen in den Hauptproduktionsländern Malaysia und Indonesien zur Folge. Für die Seifenherstellung verwende ich daher kein Palmöl. Doch oft ist es schwierig, den Inhaltsstoff zu identifizieren, denn viele Schokoladensorten, Margarine, Schokocremes, Speiseeis oder sonstige Fertigprodukte enthalten Palmöl. Zu erkennen ist das nicht immer, denn oft enthält die Deklaration nur „Pflanzenöl" oder „pflanzliche Fette".

Sanfte Tenside aus pflanzlichen Rohstoffen

Tenside sind waschaktive Substanzen, die in Waschmitteln, Spülmitteln und Shampoos enthalten sind, um Fett- und Schmutzpartikel, die in der Wäsche oder am Körper haften, in Wasser zu lösen. Sie setzen die Oberflächenspannung von Flüssigkeiten oder die Grenzflächenspannung zweier Phasen herab und ermöglichen so eine Verbindung von Stoffen, die sich sonst nicht oder nur schwer miteinander verbinden würden.

Für die Herstellung von Reinigungs- und Waschmitteln möchte ich hier milde Tenside vorstellen, die leicht zu verarbeiten sind und aus pflanzlichen Rohstoffen gewonnen werden.

COCO GLUCOSID

Coco Glucosid ist ein mildes, nichtionisches Zuckertensid, dessen pH-Wert deutlich im basischen Bereich liegt. Das reizfreie Tensid besitzt eine sehr gute Reinigungsleistung mit wenig Schaumbildung.

BETAIN

Betain ist ein aus Kokos- und Palmkernfettsäuren gewonnenes Tensid, dessen pH-Wert im neutralen Bereich liegt. Das reizfreie Tensid schäumt stark und hat eine sehr gute Reinigungsleistung. Betain eignet sich nicht nur als Basis von Haushaltsreinigern, sondern auch als mildes, feuchtigkeitsspendendes Tensid in Waschlotionen und Shampoos.

SEIFE – SAPONINHALTIGE PFLANZEN SPENDEN NATÜRLICHE TENSIDE

Einige Pflanzen enthalten natürliche Tenside, die sogenannten Saponine. Das Wort leitet sich aus dem lateinischen Wort für Seife, sapo, ab. In Verbindung mit Flüssigkeiten bilden die Saponine einen seifenähnlichen Schaum. Saponine sind eine spezielle Form von pflanzlichen Glykosiden, die der Pflanze eigentlich zur Verteidigung gegen Fraßfeinde und Pilzbefall dienen.

WASCHNÜSSE

Die Früchte des Waschnussbaumes, der zur Familie der Seifenbaumgewächse gehört, werden seit Jahrhunderten zum Waschen verwendet. In den Schalen der Nüsse ist die waschaktive Substanz Saponin enthalten.

ROSSKASTANIEN

Ebenso wie die Waschnüsse enthalten die Früchte der Rosskastanie Saponine. Angesichts der Tatsache, dass die heimische Rosskastanie sehr verbreitet ist und die Früchte leicht zu sammeln sind, drängt sich die Frage auf, warum Waschnüsse aus Indien importiert werden müssen. Zudem hat der weltweit erhöhte Verbrauch von Waschnüssen den Preis in den Erzeugerländern hinaufgesetzt, sodass einheimische Verbraucher sich die Waschnüsse kaum noch leisten können. Die Rosskastanie ist eine ideale Alternative zum Reinigen von leichten Verschmutzungen. Die Produkte können ohne energieaufwändige Verarbeitung leicht hergestellt werden.

SEIFENKRAUT

Das Seifenkraut ist reich an Saponinen, das sind waschaktive Substanzen, die einen natürlichen Schaum bilden. Außerdem ist noch ein Flavonglycosid enthalten, dem bakterien-, pilz- und virenhemmende Eigenschaften zugesprochen werden. Seifenkraut wurde vermutlich schon in der Jungsteinzeit

verwendet. Im Mittelalter war Seifenkraut ein gängiges Waschmittel für Körper und Kleidung. Das Kraut wird auch heute noch als Feinwaschmittel für edle Stoffe und als Waschlotion für Allergiker genutzt.

EFEU

Als immergrüne Pflanze ist Efeu das ganze Jahr verfügbar. Die Arzneipflanze ist in hohen Dosen bei innerer Anwendung giftig. Bei äußerer Anwendung entfaltet sie als Heilpflanze ihre Wirkung und ist völlig unbedenklich.

Efeu enthält zwar wesentlich weniger Saponine als die Rosskastanie oder das Seifenkraut, jedoch reichen diese immer noch aus, um Geschirr zu spülen oder Feinwäsche zu waschen. Bei älteren, dunklen Blättern konnte ich eine bessere Schaumbildung feststellen.

BIRKENBLÄTTER

Schon Hildegard von Bingen lobte die hautreinigende Wirkung der Birkenblätter. Dies liegt vor allem am hohen Anteil von Saponinen, die in den Birkenblättern enthalten sind. Es sind zwar wesentlich weniger als in der Rosskastanie oder im Seifenkraut vorhanden, jedoch reichen diese immer noch aus, um Geschirr zu spülen oder Feinwäsche zu waschen. Mit frischen, jungen Blättern war die Schaumbildung wesentlich besser. Es lohnt sich auf jeden Fall, im Frühjahr einen Vorrat an Birkenblättern zu sammeln und zu trocknen.

Ätherische Öle

Ätherische Öle sind hochkonzentrierte Pflanzenessenzen, die in den Öldrüsen der Pflanzen gebildet werden. Sie sind im Pflanzengewebe gespeichert und werden entweder durch Kaltpressung oder durch Wasserdampfdestillation gewonnen. Ätherische Öle können sich in den Blüten, Blättern, Samen, Fruchtschalen, Wurzeln, Harzen, Rinden oder im Holz einer Pflanze befinden. Je nach Herkunftspflanze enthalten sie spezielle Duft- und Wirkstoffe.

Ätherische Öle unterscheiden sich von fetten Ölen (zum Beispiel Olivenöl) dadurch, dass sie vollständig verdampfen, denn ätherisch bedeutet flüchtig, leicht verdampfend. Da sie auf Papier keinen charakteristischen Fettfleck hinterlassen, nennt man sie deshalb auch trocknende Öle.

Der Begriff ätherisches Öl ist gesetzlich nicht geschützt und wird daher auch für synthetische Duftöle verwendet. Beim Kauf sollte unbedingt darauf geachtet werden, dass es sich um naturbelassene und natürliche Öle handelt.

Die wohltuenden Düfte der ätherischen Öle haben eine harmonisierende, anregende und beruhigende Wirkung auf uns. Sie heben die Stimmung und verhelfen so zu körperlichem und seelischem Wohlbefinden.

Der Einsatz ätherischer Öle in Haushaltsreinigern unterstützt nicht nur die Reinigungswirkung, sondern auch die Belastung durch Bakterien, Viren und Pilze sinkt nachweisbar.

DIE ÄTHERISCHEN ÖLE FOLGENDER PFLANZEN HABEN EINE ANTIBAKTERIELLE WIRKUNG:

Anis, Bohnenkraut, Eukalyptus, Fenchel, Ingwer, Kamille, Lavendel, Limette, Majoran, Orange, Oregano, Pfefferminze, Rosmarin, Teebaum, Thymian, Wacholder, Verbene, Ysop, Zitrone und Zitronengras.

DIE ÄTHERISCHEN ÖLE FOLGENDER PFLANZEN HABEN EINE ANTIVIRALE WIRKUNG:

Bohnenkraut, Eukalyptus, Lavendel, Myrte, Oregano, Salbei, Sandelholz, Teebaum, Thymian, Wacholder, Ysop, Zitrone und Zypresse.

DIE ÄTHERISCHEN ÖLE FOLGENDER PFLANZEN HABEN EINE ANTIFUNGAL WIRKUNG:

Eukalyptus, Lavendel, Melisse, Oregano und Teebaum.

Säuren

ZITRONENSÄURE

Zitronensäure ist eine farblose, wasserlösliche Carbonsäure. Sie ist in der Botanik die am häufigsten vorkommende Säure, da sie als Stoffwechselprodukt in allen Organismen auftritt. Bereits im Jahre 1784 isolierte der Apotheker Carl Wilhelm Scheele die Zitronensäure aus Zitronensaft, woher auch ihr Name letztendlich stammt. Als Lebensmittelzusatz E 330 findet die Zitronensäure vor allem in Getränken und Fertiggerichten als Säuerungs- und Konservierungsmittel Verwendung. Zitronensäure wird allgemein als natürlich und unbedenklich empfunden. Doch sie wird in großem Maßstab synthetisch aus stärkehaltigen Rohstoffen, wie zum Beispiel Mais und einem Schimmelpilz, hergestellt. Zitronensäure ist in ihrer konzentrierten und isolierten Form gesundheitsschädlich. In ihrem natürlichen Vorkommen ist sie zusammen mit Vitaminen und anderen gesunden Bestandteilen zum Beispiel in Früchten zu finden.

Zitronensäure wird im Haushalt vor allem als Kalk- und Urinsteinentferner verwendet.

MILCHSÄURE

Als Lebensmittelzusatz hat die Milchsäure die Bezeichnung E 270. Sie wird in diesem Bereich als Säuerungsmittel in Süßigkeiten verwendet. In der Industrie entfaltet die Milchsäure in antibakteriellen Flüssigseifen und Putzmitteln ihre desinfizierenden Eigenschaften.

Wie alle Säuren hat auch die Milchsäure eine kalklösende Wirkung. Daher wurde Milchsäure schon früher als Entkalker im Gerbereihandwerk verwendet. So konnten alle Rückstände an der Tierhaut restlos beseitigt werden.

Ich kaufe keine Milchsäure, sondern verwende die sehr milchsäurehaltige Molke, die bei meiner häuslichen Quark- und Frischkäseherstellung als Nebenprodukt anfällt.

ESSIGSÄURE – ESSIG UND ESSIGESSENZ

Zuerst möchte ich die Unterschiede zwischen Essig und Essigessenz aufzeigen.

Essig ist grundsätzlich eine biologische Säure, die durch Fermentation alkoholhaltiger Flüssigkeiten mit Hilfe von Essigsäurebakterien hergestellt wird. Die Essigsäurekonzentration beträgt 5–6 %. Essig ist ein Lebensmittel und biologisch abbaubar.

Essigessenz hingegen hat eine Essigsäurekonzentration von ungefähr 25 %. Diese höhere Konzentration von Essigsäure kann nur synthetisch gewonnen werden. Ausgangsstoff hierfür ist das Gas Acetylen, ein Nebenprodukt der Erdölraffination. Essigessenz sollte immer verdünnt eingesetzt werden. Es war mir nicht möglich herauszufinden, aus welchen Rohstoffen der Marktführer die Essigessenz herstellt. Nur die Information, dass die Essigessenz aus nachwachsenden Rohstoffen in Lebensmittelqualität in einem Bioraffinerie-Prozess gewonnen wird. Diese Tatsache schließt Essigessenz für mich persönlich als Lebensmittel aus, dennoch ist sie vollständig biologisch abbaubar und daher eine gute Basis für Haushaltsreiniger.

Sowohl Essig als auch Essigessenz enthalten Essigsäure, die kalklösend und desinfizierend wirkt. Zudem reagiert Essigsäure mit Eisenoxid, also Rost, und entfernt diesen zuverlässig.

Grundsätzlich gilt zu beachten, dass Dichtungen aus Gummi und Silikonfugen nicht mit Essigsäure gereinigt werden sollten, da sie porös werden.
    Essigsäure reizt die Atemwege und darf auf keinen Fall eingeatmet werden, daher sollte Essig oder gar Essigessenz nicht erhitzt werden.

OXALSÄURE AUS RHABARBERBLÄTTERN

Rhabarber enthält besonders in den Blättern und den Randschichten des Stängels eine hohe Konzentration an Oxalsäure. Da diese gesundheitsschädlich ist, muss Rhabarber als Lebensmittel gut geschält werden und auch die Blätter sind zum Verzehr nicht geeignet.

Die Blätter und Schalen des Rhabarbers sollten auf keinen Fall weggeworfen, sondern zu einem Sud weiterverarbeitet werden. Sie lassen sich auch für eine spätere Verwendung gut einfrieren.

Die Salze der Oxalsäure entfernen hartnäckige Verschmutzungen wie Kalk und Rost.

Alkohole

ISOPROPANOL/ISOPROPYLALKOHOL

Isopropanol ist ein sehr schnell brennbarer, einwertiger Alkohol. Die Dämpfe wirken betäubend und der Kontakt verursacht Reizungen der Augen und der Schleimhäute. Zur Desinfektion und Schimmelbekämpfung wird 70 %iges Isopropanol verwendet. Das aus Isopropanol gewonnene Aceton ist als Nagellackentferner in Gebrauch. Beide haben einen ähnlich stechenden Geruch und sollten außerhalb der Reichweite von Kindern aufbewahrt werden.

Ich verwende Isopropanol in ganz geringen Mengen zur Desinfektion meiner Gerätschaften zur Kosmetikherstellung.

ETHANOL/SPIRITUS

Ethanol entsteht auf natürlichem Weg bei der Vergärung zuckerhaltiger Pflanzen. Aus steuerlichen Gründen (keine Alkoholsteuer mehr) wird Ethanol vergällt, so für den Genuss unbrauchbar gemacht und als Spiritus verkauft.

Spiritus löst sowohl Fett als auch Kalk und ist daher bestens zu Pflege und Reinigung glatter Oberflächen wie Fenster, Fliesen und Spiegel geeignet. Spiritus wird verdünnt angewendet. Beim Arbeiten mit Spiritus muss darauf geachtet werden, dass die Dämpfe nicht eingeatmet werden, da sie zu Verätzungen der Schleimhäute führen würden.

GLYCERIN

Glycerin ist ein wasseranziehender, geruchloser, dreiwertiger Alkohol. Als Nebenprodukt der Verseifung wird es sowohl aus natürlichen Fetten als auch aus Erdöl gewonnen. Glycerin ist ein hervorragender Fettlöser. Zudem hält es Leder, Dichtungen und Kautschuk geschmeidig. Ich achte beim Kauf darauf, dass das Glycerin pflanzlichen Ursprungs ist.

Alternative Putzhelfer: Bürsten und Lappen

Vorweg möchte ich zum Ausdruck bringen, dass ich eine hoffnungslose Nostalgikerin bin. Auf Flohmärkten halte ich Ausschau nach alten Email-Eimern, Holzbürsten mit Naturborsten oder sonstigen antiken Haushaltsgegenständen. Die verwende ich keinesfalls zur Dekoration, sondern benutze sie zum Putzen. Selten wird ein ganzer Lagerbestand eines Tante-Emma-Ladens angeboten, der für mich dann allerdings eine wahre Fundgrube ist.

1 GEHÄKELTER PUTZLAPPEN AUS PAKETSCHNUR

Ebenso halte ich die Augen nach alten Zeitschriften offen, wie zum Beispiel die „Gartenlaube". Das illustrierte Familienblatt war von 1861 an über viele Jahrzehnte überaus beliebt. Sie war einstmals das, was heute so manche Haus- und Gartenzeitschriften sind. Für mich ist die „Gartenlaube" nicht nur der Spiegel der damaligen Gesellschaft, sondern auch eine Quelle der Inspiration. Neben Fortsetzungsromanen, Neuigkeiten aus den Adelshäusern und allerlei Kurzweil gab es auch stets einen wertvollen Ratgeber für die Hausfrau. Bemerkenswert ist die Tatsache, dass es damals nicht als Zeichen der Armut galt, wenn scheinbar wertlose Dinge wieder eine neue Verwendung fanden. Vielmehr wurde die Frau als geschickte Verwalterin der Familie gepriesen, wenn sie umsichtig haushalten konnte. Unter anderem wird gezeigt, wie man aus gebrauchten Paketschnüren Putzlappen häkeln kann.

Diese Idee habe ich aufgegriffen – zwar habe ich keine gebrauchten Schnurreste verwendet und auch das Muster habe ich abgeändert, jedoch der Grundgedanke war derselbe. Es entstanden schöne, preiswerte Putztücher mit hohem Gebrauchswert. Für die Putzlappen habe ich verzwirnten Flachsbindfaden verarbeitet. Dieser lässt sich gut bis 60 °C waschen und ist ein biologisch abbaubares Naturprodukt.

1 Putzlapen aus Paketschnur

2 Putztuch aus Bäckergarn   **3** Spüllappen aus Baumwolle

2   GEHÄKELTES PUTZTUCH AUS BÄCKERGARN

Das sehr stabile Putztuch habe ich aus besonders reißfestem Baumwollgarn gehäkelt. Dieses ist unter der Bezeichnung „Bäckergarn" oder „Wurstfaden" erhältlich. Das Putztuch ist etwas gröber und fester als der Putzlappen und eignet sich hervorragend zum Reinigen hartnäckiger Verschmutzungen. Es lässt sich ebenso problemlos bei 60 °C waschen.

3   GESTRICKTE SPÜLLAPPEN AUS WEICHER BAUMWOLLE

Eines der keimanfälligsten Dinge in der Küche ist der Spüllappen, doch gerade dieser soll das Speisegeschirr säubern. Prinzipiell sollten die Spüllappen bei mindestens 60 °C gewaschen werden, damit schädliche Keime abgetötet werden. Ich stricke Spüllappen aus weicher, reiner Baumwolle (*ich verwende das Baumwollgarn „Coats Lyric Puppets 8/8", welches in jedem Handarbeitsgeschäft erhältlich ist*) selbst. Das kochfeste Material ist sehr gut waschbar, für Wäschetrockner geeignet und daher überaus hygienisch. Beim Saubermachen liegen sie gut in der Hand, fühlen sich gut an und reinigen hervorragend.

Warum sollte ein alltäglicher Gebrauchsgegenstand, der für wenig Geld erhältlich ist, selbst gefertigt werden? Spültücher selbst zu stricken lohnt sich auf jeden Fall, denn optisch sind sie über jeden Zweifel erhaben. Noch nie

4 Putztücher aus alten Bettlaken und Handtüchern

konnte man behaupten, dass Putztücher eine Zierde waren – sie wurden eher versteckt.

Handgestrickte Putztücher sind auch als Geschenk eine wunderbare Ergänzung zu meinen handgesiedeten Naturseifen. Auch Anfänger und Wenigstricker wie ich können sich daran versuchen. Die hier abgebildeten habe ich im Perlmuster – *2 rechte, 2 linke Maschen, jede zweite Reihe versetzt* – gestrickt.

Mir ist bewusst, dass moderne Mikrofasertücher sehr gute Reinigungstücher sind. Jedoch sind sie aus synthetischen Kunstfasern gefertigt, die Mikroplastik ins Abwasser entlassen. Daher tausche ich die Reinigungseffizienz der Mikrofasertücher gerne gegen ein wenig Kraftaufwand.

4 PUTZTÜCHER AUS ALTEN BETTLAKEN UND AUSGEDIENTEN HANDTÜCHERN

Aus alten Bettlaken lassen sich einfach Trockentücher nähen. Gerade alte Bettwäsche wurde schon häufig gewaschen und daher sind die daraus genähten Tücher frei von eventuellen Schadstoffen. Ausgediente Handtücher und Stoffreste aus Baumwolle und Leinen sind eine hervorragende Grundlage für brauchbare Putztücher. Sie müssen nicht immer eingesäumt werden, manchmal braucht man auch ein Einwegtuch, das einfach nur aus einem Textilrest geschnitten wurde.

5 Luffa-Schwamm

SCHWAMM DRÜBER: LUFFA UND KONJAC –
NATÜRLICHE, MECHANISCHE HELFER

Für festsitzenden Schmutz verwende ich den Luffa-Schwamm – ein nach-
wachsender Rohstoff, der restlos kompostierbar ist. Die Innenfasern des Kür-
bisgewächses werden in handliche Stücke geschnitten und können mit der
Kochwäsche gewaschen werden. Selbst ohne zusätzlichen Reiniger löst der
Luffa-Schwamm den Schmutz, ohne die Oberfläche zu zerkratzen.

Etwas feiner ist der Konjac-Schwamm. Er ist die beste Wahl für empfindliche
Oberflächen. Der Pflanzenschwamm wird aus der Konjacwurzel hergestellt.
Die leicht alkalischen Pflanzenfasern erzeugen bei der Anwendung so viel
Schaum, dass nur eine geringe Menge oder gar kein Reinigungsmittel erfor-
derlich ist. Der Schwamm kann 4–6 Wochen verwendet und danach kompos-
tiert werden.

6 Holzbürste mit Naturborsten

6   BÜRSTEN UND BESEN – TRADITIONELL GEFERTIGTE WERKZEUGE

Ob Schuhbürste, Schrubber, Spülbürste oder Gemüsebürste, der Aufbau einer Bürste ist immer derselbe. Der hölzerne Bürstenkörper ist von Faserbündeln durchzogen, die auf ihre Verwendung hin angepasst sind. Sofern es sich um Naturborsten handelt, sind diese tierischen oder pflanzlichen Ursprungs und daher biologisch abbaubar. Hochwertige Bürsten leisten jahrelang gute Dienste, sind leicht zu reinigen und sehen viel besser aus als Plastikerzeugnisse.

Im Haushalt dürfen mehrere Besen nicht fehlen. Ähnlich wie bei den Bürsten entscheiden die Borsten über ihren Verwendungszweck. Ich greife nicht immer gleich zum Staubsauger, sondern bevorzuge den klassischen Handfeger und das Kehrblech für kleinere, lokale Verschmutzungen, die schnell zusammengefegt sind. Bei uns in Schwaben heißt der Handfeger „Besele" und das Kehrblech „Schaufele". Die Kehrgarnitur gibt es sogar, um Tische und Arbeitsflächen zu fegen, denn manchmal ist der nasse Lappen zur Reinigung ungeeignet. Mit einer Tischbürste lassen sich zum Beispiel Krümel oder Mehl besser entfernen.

Zum Fegen der Böden steht uns eine Vielzahl gebrauchstüchtiger Besen zur Verfügung. Ob nun der grobe Naturstein im Hof oder der feine Parkett abgekehrt werden soll – für jeden trockenen Schmutz gibt es den richtigen Besen.

Rezepte

Nun kann es losgehen und wir schreiten zur Praxis. Sämtliche der nachfolgenden Rezepte sind von mir erprobt und haben sich im Alltag bewährt. Welche für Sie den größten Nutzen haben, werden Sie für sich selbst herausfinden. Sei es nun bezüglich der Zubereitung oder der Anwendung – nicht alle Vorschläge werden für Sie gleichermaßen praktikabel sein. Ähnlich wie bei einem Kochbuch bleibt auch hier Ihre eigene Vorliebe ausschlaggebend. Doch wenn letztendlich nach und nach die Kaufprodukte aus Ihren Schränken verschwinden und durch Ihre individuell gefertigten Produkte ersetzt wurden, haben Sie Ihren persönlichen Weg zu einem schöneren, grüneren Putzen gefunden.

Selbstverständlich wird eine Rezeptsammlung wie diese niemals vollständig sein, sondern stetig wachsen. Neue Erkenntnisse entlarven so manches alte Hausmittel als gesundheits- oder umweltschädlich, während wissenschaftliche Forschungen neue und ökologischere Alternativen finden, die uns den Hausputz erleichtern. In diesem Buch biete ich Ihnen die Rezepte an, die ich zum heutigen Zeitpunkt als die gesündesten für Mensch und Umwelt erachte.

Vorweg möchte ich Ihnen noch den dringenden Hinweis geben, dass auch ökologische Putzmittel für Kinder unzugänglich aufzubewahren sind! So natürlich die einzelnen Zutaten auch sind, so sind sie doch nicht ungefährlich. Ein leckeres ätherisches Öl zum Beispiel ist unverdünnt sehr hautreizend. Daher bitte ich Sie, sowohl die Grundzutaten als auch die selbst gefertigten Reiniger ebenso sorgfältig wie gekaufte Produkte zu verwahren.

Basisrezepturen

Zuerst möchte ich einige Grundrezepte vorstellen, die einfach und schnell hergestellt werden können. Sie dienen als Basis für die weiterführenden Rezepte oder können puristisch nach dem Motto „weniger ist mehr" eingesetzt werden.

GRUNDREZEPT MOLKEREINIGER

Ich mache Quark und Frischkäse selbst und dabei fällt die Molke als Nebenprodukt an. Molke ist reich an Mineralstoffen und eignet sich nicht nur als
erfrischendes und gesundes Getränk, sondern auch als Putzmittel. Die reinigende und antibakterielle Wirkung basiert auf der Milchsäure, die wie alle
Säuren kalklösend wirkt.

Dieses einfach herzustellende Putzmittel braucht nur drei Zutaten und erfüllt
dennoch alle Ansprüche an eine gute Reinigung.

ZUTATEN

200 g Molke
....
50 g Betain
....
10 Tropfen ätherische Öle
z. B. Zitronenöl, Orangenöl, Limettenöl, Lavendelöl
....

ZUBEREITUNG

1. Alle Zutaten in einer Flasche mischen.

2. Schütteln – fertig.

GRUNDREZEPT ALLZWECKREINIGER

ZUTATEN

150 g Wasser
....

50 g Betain
....

30 g Soda *(Natriumcarbonat)*
....

10 g pflanzliches Glycerin
....

20 Tropfen ätherische Öle
z. B. Zitronenöl, Orangenöl, Limettenöl, Lavendelöl
....

ZUBEREITUNG

1. Alle Zutaten in einer Flasche mischen.

2. Schütteln – fertig.

GRUNDREZEPT ZITRUS-ESSIG-REINIGER

Die Schalen von Zitrusfrüchten sind viel zu schade für den Müll, denn sie können noch vielseitig eingesetzt werden. Die daraus hergestellten Putzmittel riechen nicht nur fruchtig-lecker, sondern haben auch eine hervorragende Reinigungswirkung.

Zitrusgewächse schützen ihre Früchte mit einer Schale, die aus mehreren Fruchtwänden besteht. In der äußeren befinden sich Drüsen, die ätherische Öle bilden. Diese dienen der Abwehr von Schädlingen, Pilzen und Bakterien. Der Hauptbestandteil der ätherischen Öle sind Terpene, die fettlösend und desinfizierend wirken. Diese Eigenschaften können wir für ökologische Reiniger nutzen, die selbst hartnäckige Verschmutzungen lösen. Die Terpene werden mit preiswertem Tafelessig ausgezogen.

Der Zeitaufwand für die Herstellung des Reinigers verteilt sich auf mehrere Arbeitsschritte und ist minimal.

Schalen von Bio-Zitrusfrüchten

Weißer Tafelessig mit ungefähr 5 % Säure

1 verschließbares Glas

ZUBEREITUNG

1. Die Zitrusschalen von den Fruchtresten säubern, grob zerkleinern und in ein Glas geben. Ich verwende gerne Weckgläser, es können aber auch gut ausgewaschene Schraubgläser sein, die ursprünglich als Verpackung gedient hatten. Es sollten jedoch keine Kunststoffbehältnisse sein, da die Essigsäure bedenkliche Bestandteile aus dem Kunststoff löst.

2. Mit dem Essig aufgießen, sodass die Schalen gut bedeckt sind.

3. Für etwa 1–2 Wochen verschlossen stehen lassen. Um Schimmelbildung zu vermeiden, sollte stets darauf geachtet werden, dass die Schalen immer gut mit Essig bedeckt sind. Eventuell muss Essig nachgegossen werden.

4. Nach dieser Reifezeit werden die Schalen herausgesiebt und der Zitrus-Essig in Flaschen gefüllt.

Dieser Zitrusreiniger kann pur verwendet werden oder dient als Basis für weitere Reiniger.

PESTESSIG

An dieser Stelle möchte ich etwas ausholen und einen Ausflug in die Geschichte machen. Immer wieder wurde die Menschheit in früheren Zeiten von der Pest heimgesucht. Hierzu gibt es erschütternde Berichte und vor allem auch recht beeindruckende Abbildungen, wie der Schwarze Tod in der Gestalt des Sensenmannes über die Opfer hinwegfegt. Dazwischen taucht immer wieder der Pestarzt mit seiner Schnabelmaske auf, die mit antibakteriellen Kräutern gefüllt war. Die Menschen glaubten, dass die schlechte Luft, der Pesthauch, ferngehalten werden muss, um sich vor Ansteckung zu schützen. Doch offensichtlich erkannten vor allem Räuber und Diebe, wie man sich die Krankheitserreger vom Leib halten konnte. Nach einer Überlieferung um 1700 heißt es, dass Plünderer vor Gericht ihr Geheimnis preisgaben, wie es ihnen gelang, die Pesttoten zu berauben. Zum Schutz vor einer Infektion hatten sie sich einen Pestessig gebraut, mit dem sie sich wuschen, den Mund ausspülten und davon tranken. Daher wurde dieser Essig auch „Diebes-oder Räuberessig" genannt. Von ihm sind mehrere Rezepturen überliefert, die außer Essig vor allem folgende Kräuter enthalten: Wermut, Rosmarin, Raute, Salbei, Minze, Lavendel, Gewürznelken, Muskatnuss und Kampfer.

In Meyers Konversations-Lexikon von 1888 konnte ich sogar ein vollständig ausformuliertes Rezept zur Herstellung eines Pestessigs finden. Dieses habe ich noch ein wenig „entschärft" und daraus ein durchaus taugliches Rezept für einen antibakteriellen Desinfektionsreiniger gemacht.

Der Pestessig kann pur zur Desinfektion verwendet werden oder als Basis für weitere Reiniger dienen.

ZUBEREITUNG AUF DER NÄCHSTEN SEITE! —>

Je 2 Zweige von Rosmarin, Thymian, Wermut, Lavendel, Salbei

....

Optional 5 Tropfen ätherisches Kampferöl

....

500 g weißer Tafelessig mit ungefähr 5 % Säure

....

50 g Spiritus

....

Schalen von 2 Zitronen

....

2 verschließbare Gläser

....

VORBEREITUNGEN

Die Kräuter grob zerkleinern und in ein verschließbares Glas geben. Es sollte kein Kunststoffbehältnis sein, da die Essigsäure bedenkliche Bestandteile aus dem Kunststoff löst. Mit Essig aufgießen, sodass die Kräuter gut bedeckt sind. Für ein paar Tage verschlossen stehen lassen, bis die Kräuter den Essig dunkel färben. Um Schimmelbildung zu vermeiden, sollte stets darauf geachtet werden, dass die Kräuter immer gut mit Essig bedeckt sind. Dann wird der Essigauszug abgesiebt, sodass sich keine Kräuterreste mehr im Essig befinden.

Zitronenschalen zerkleinern und in den Spiritus einlegen, sodass sie gut bedeckt sind. Für ein paar Tage verschlossen stehen lassen. Um Schimmelbildung zu vermeiden, sollte stets darauf geachtet werden, dass die Schalen immer gut mit Alkohol bedeckt sind. Dann wird der Alkoholauszug abgesiebt, sodass sich keine Schalenreste mehr in der Flüssigkeit befinden.

ZUBEREITUNG

1. Kräuteressig-Auszug mit Zitronen-Alkohol-Auszug im Verhältnis 10:1 mischen.

2. Optional können noch ein paar Tropfen ätherisches Kampferöl beigefügt werden.

ettbürste

Badezimmer

Beim Reinigen des Badezimmers müssen vor allem Kalkflecken, Zahnpasta- und Seifenreste entfernt werden. In unserem Haushalt gilt das Gebot „der Letzte putzt". Daher wird die Dusche vom letzten Benutzer ausgetrocknet bzw. geputzt. Ebenso werden Waschbecken und Toiletten täglich gereinigt und jeder verlässt den Raum so, wie er ihn gerne vorfindet. Auf diese Weise sind die Badezimmer immer sauber und bedürfen nur einer täglichen Reinigung, die in wenigen Minuten erledigt ist. Doch die hier vorgestellten Reiniger rücken auch hartnäckigem Schmutz zu Leibe, der sich über einen längeren Zeitraum festgesetzt hat.

WC-REINIGUNGS-TABS

Eine saubere Toilette in einem frischen Raum erzeugt ein Wohlgefühl, das kein fremdes Badezimmer bieten kann. Die selbst hergestellten Tabs riechen fantastisch und reinigen die Toilette hygienisch sauber.

ZUTATEN

200 g Natron (Natriumhydrogencarbonat)
....

70 g Zitronensäurepulver
....

5 g ätherisches Zitronenöl
....

5 g ätherisches Orangenöl
....

ZUBEREITUNG

1. Das Speisenatron mit dem Zitronensäurepulver in einer Schüssel mischen. Die ätherischen Öle dazugeben und nochmals alles gut vermengen. Damit die Masse formbar wird, muss eine geringe Menge Wasser mit verarbeitet werden. Für diese nebelfeuchte Wasserzufuhr eignet sich zum Beispiel eine Sprühflasche.

2. Aus der Masse entweder kleine Kugeln formen und diese über Nacht trocknen lassen. Oder die Masse in Eiswürfelbehälter aus Silikon drücken, darin über Nacht trocknen lassen und dann ausformen.

3. Die fertigen Tabs in einem verschließbaren Gefäß aufbewahren.

Sicherheitshinweis:
Da Zitronensäure stark reizend ist, sollten unbedingt Handschuhe getragen werden. Außerdem empfehle ich, vor einem offenen Fenster oder unter der Dunstabzugshaube zu arbeiten.

RHABARBER-FLIESENREINIGER

ZUTATEN

Einige grob zerkleinerte Rhabarberblätter und -schalen
....

1 Liter Wasser
....

10 g Ethanol
....

10 g Betain
....

5 Tropfen ätherisches Öl nach Geschmack
....

ZUBEREITUNG UND ANWENDUNG

1. Die Pflanzenteile grob zerkleinern und mit kaltem Wasser übergießen, damit sie gut bedeckt sind.

2. Die Mischung einen Tag stehen lassen und dann aufkochen. Für etwa 10 Minuten köcheln lassen.

3. Den Sud durch ein Sieb abseihen und abkühlen lassen.

4. Dann zusammen mit den restlichen Zutaten in eine Flasche füllen, gut schütteln – fertig.

Der Reiniger wird aufgesprüht, mit einem Lappen verteilt und mit klarem Wasser wieder abgenommen.

MOLKE-BADREINIGER

Die antibakterielle Wirkung der Molke wird durch die gewählten ätherischen Öle unterstützt. Vor allem in den Bereichen des Badezimmers, wo sich bevorzugt Schimmel ansetzt, ist dieser hautfreundliche Reiniger zu empfehlen.

ZUTATEN

100 g Molke

10 g Betain

3 Tropfen ätherisches Salbeiöl

3 Tropfen ätherisches Zitronenöl

3 Tropfen ätherisches Melissenöl

ZUBEREITUNG UND ANWENDUNG

1. Alle Zutaten in eine Flasche geben, schütteln – fertig.

Der Reiniger wird aufgesprüht, mit einem Lappen verteilt und mit klarem Wasser wieder abgenommen.

LIMETTEN-REINIGER

Dieser selbst gemachte Limetten-Reiniger lässt konventionelle Kaufprodukte weit hinter sich. Er verbreitet einen fruchtig-frischen Geruch im Badezimmer, kann ohne viel Aufwand hergestellt werden und reinigt kraftvoll.

ZUTATEN

Schalen von 3–4 Limetten

250 g Weißwein-Essig

1 Teelöffel Betain

ZUBEREITUNG

1. Die Limettenschalen von den Fruchtresten säubern, grob zerkleinern und in ein Glas geben. Ich verwende gerne Weckgläser, es können aber auch gut ausgewaschene Schraubgläser sein, die ursprünglich als Verpackung gedient hatten. Es sollten jedoch keine Kunststoffbehältnisse sein, da die Essigsäure bedenkliche Bestandteile aus dem Kunststoff löst.

2. Mit dem Essig aufgießen, sodass die Schalen gut bedeckt sind. Für etwa 1–2 Wochen verschlossen stehen lassen. Um Schimmelbildung zu vermeiden, sollte stets darauf geachtet werden, dass die Schalen immer gut mit Essig bedeckt sind. Eventuell muss Essig nachgegossen werden.

3. Nach dieser Reifezeit werden die Schalen herausgesiebt und der Limetten-Essig in eine Sprühflasche gefüllt.

4. Nun wird noch ein Teelöffel Betain hinzugegeben. Das Tensid reduziert die Oberflächenspannung und sorgt dafür, dass der Reiniger gut auf glatten Oberflächen haftet.

APFELESSIG-KRÄUTER-HYGIENEREINIGER

Hier noch eine Variante des Pestessigs, die fruchtig-frischen Frühlingsduft ins Badezimmer bringt. Der leistungsstarke Hygienereiniger löst auf allen glatten Oberflächen Schmutzablagerungen, die der Nährboden für Bakterien sind. Zudem entfernt er Kalk und Seifenreste zuverlässig.

ZUTATEN

Pfefferminze

Lavendel

junge Fichtenspitzen

Salbei

500 g Apfelessig

50 g Spiritus

Schalen von 2 Zitronen

20 g Betain

10 Tropfen ätherisches Lavendelöl

10 Tropfen ätherisches Zitronenöl

VORBEREITUNGEN

Die frischen, hellgrünen Triebspitzen der Fichtenzweige werden im Mai und
Juni geerntet und können im Apfelessig für Monate konserviert werden.

Von Pfefferminze, Salbei und Lavendel können sowohl Blüten als auch Blätter verwendet werden.

Die Kräuter grob zerkleinern und in ein verschließbares Glas geben. Es sollte
kein Kunststoffbehältnis sein, da die Essigsäure bedenkliche Bestandteile aus
dem Kunststoff löst. Mit Apfelessig aufgießen, sodass die Kräuter gut bedeckt
sind. Für ein paar Tage verschlossen stehen lassen, bis die Kräuter den Essig
dunkel färben. Um Schimmelbildung zu vermeiden, sollte stets darauf geachtet werden, dass die Kräuter immer gut mit Essig bedeckt sind. Dann wird der
Essigauszug abgesiebt, sodass sich keine Kräuterreste mehr im Essig befinden.

Zitronenschalen zerkleinern und in den Spiritus einlegen, sodass sie gut bedeckt sind. Für ein paar Tage verschlossen stehen lassen. Um Schimmelbildung zu vermeiden, sollte stets darauf geachtet werden, dass die Schalen immer gut mit Alkohol bedeckt sind. Dann wird der Alkoholauszug abgesiebt,
sodass sich keine Schalenreste mehr in der Flüssigkeit befinden.

ZUBEREITUNG

1. Kräuter-Apfelessig-Auszug mit Zitronen-Alkohol-Auszug
   im Verhältnis 10:1 mischen.

2. Dann werden noch die ätherischen Öle und das Betain
   beigefügt, schütteln – fertig.

MANDARINEN-PFEFFERMINZ-FLIESENREINIGER

ZUTATEN

250 g Wasser

100 g Mandarinenessig-Auszug

10 g Waschsoda *(Natriumcarbonat)*

10 g Betain

8 Tropfen ätherisches Pfefferminzöl

2 Tropfen ätherisches Mandarinenöl

ZUBEREITUNG

1. Einen Essigauszug aus Mandarinenschalen und Weinessig herstellen.

2. Das Wasser auf ungefähr 60 °C erwärmen und Natriumcarbonat darin auflösen.

3. Nach dem Abkühlen die restlichen Zutaten dazugeben.
In eine Flasche füllen, schütteln – fertig.

Dieser Reiniger kann entweder dem Wischwasser beigegeben oder direkt auf die Fliesen aufgesprüht werden.

LAVENDEL-SALBEI-BALSAM

Dieser Balsam eignet sich hervorragend zum Entfernen von Schimmel in den Fliesenfugen. Sowohl das Natriumhydrogencarbonat als auch die gewählten ätherischen Öle haben eine fungizide und antibakterielle Wirkung. Der Balsam ist jedoch nicht zur Reinigung der Silikonfugen geeignet, diese sollten ausgespart werden.

ZUTATEN

20 g Natron (*Natriumhydrogencarbonat*)

10 g Betain

5 Tropfen ätherisches Salbeiöl

5 Tropfen ätherisches Lavendelöl

Gegen Schimmel!

ZUBEREITUNG

1. Das Natriumhydrogencarbonat dem Betain löffelweise unterrühren, bis eine cremige Masse entstanden ist. Die ätherische Öle eintropfen – fertig.

2. Der Balsam muss in einem Schraubglas gut verschlossen aufbewahrt werden, damit er nicht austrocknet. Sollte dies dennoch geschehen, dann einfach mit etwas Wasser wieder cremig rühren.

ANWENDUNG

Mit einem Tuch etwas von dem Balsam auf die zu reinigende Fläche geben, mit dem Tuch verteilen und polieren. Die Reste der Reinigungscreme mit klarem Wasser entfernen. Bei starker Verschmutzung sollte der Balsam für mindestens 15 Minuten einwirken.

- » Orangen-Reiniger
- » Efeu-Geschirrspülmittel
- » Molke-Geschirrspülmittel
- » Antibakterielle Lavendel-Scheuercreme
- » Einfacher Orangen-Scheuerbalsam
- » Sanfte Scheuerpaste
- » Feine Zitronen-Scheuer-milch
- » Rhabarber-Scheuermilch
- » Mit Rhabarber hartnäckige Verkrustungen aus Töpfen lösen

- » Rhabarber-Frühjahrskur für Töpfe und Pfannen
- » Rostentferner aus Rhabarbersud
- » Rhabarber-Backofenreiniger
- » Herdplatten- und Backofenreinigungspulver
- » Zitronen-Eukalyptus-Reiniger
- » Kräuter-Apfelessig
- » Entkalken mit Zitronensäure und Essigessenz
- » Spülmaschinenreiniger
- » Klarspüler für die Spülmaschine

Küche

Unsere große Wohnküche ist der Gemeinschaftsraum der Familie. Schon aus diesem Grund achten wir darauf, dass sie immer sauber und aufgeräumt ist. Jedoch ist Sauberkeit in der Küche nicht nur eine Frage der Ästhetik, sondern auch der Gesundheit.

Verunreinigungen auf der Arbeitsfläche oder im Spülbecken sind der ideale Nährboden für Bakterien. Vor allem Blut, Fleisch- und Fischreste können Krankheitserreger übertragen. Obwohl wir sehr selten Fleisch zubereiten, da wir seit vielen Jahren vegetarisch leben, säubern wir nach jeder Essenszubereitung die Küche gewissenhaft.

Der scharfe Geruch konventioneller Reiniger sticht uns zu penetrant in die Nase, daher sind die nachfolgend vorgestellten Reiniger eine appetitliche und gleichzeitig angenehme Alternative.

ORANGEN-REINIGER

Die Schalen von Zitrusfrüchten sind viel zu schade für den Müll, denn sie können noch vielseitig eingesetzt werden. Die daraus hergestellten Putzmittel riechen nicht nur fruchtig-lecker, sondern haben auch eine hervorragende Reinigungswirkung.

Zitrusgewächse schützen ihre Früchte mit einer Schale, die aus mehreren Fruchtwänden besteht. In der äußeren befinden sich Drüsen, die ätherische Öle bilden. Diese dienen der Abwehr von Schädlingen, Pilzen und Bakterien. Der Hauptbestandteil der ätherischen Öle sind Terpene, die fettlösend und desinfizierend wirken. Diese Eigenschaften können wir für ökologische Reiniger nutzen, die dadurch selbst hartnäckige Verschmutzungen lösen. Die Terpene werden mit preiswertem Tafelessig ausgezogen.

Schalen von 2–3 Orangen

250 g Weißwein-Essig

1 Teelöffel Betain

ZUBEREITUNG

1. Die Orangenschalen von den Fruchtresten säubern, grob zerkleinern und in ein Glas geben. Ich verwende gerne Weckgläser, es können aber auch gut ausgewaschene Schraubgläser sein, die ursprünglich als Verpackung gedient haben. Es sollte jedoch kein Kunststoffbehältnis sein, da die Essigsäure bedenkliche Bestandteile aus dem Kunststoff löst.

2. Mit dem Essig aufgießen, sodass die Schalen gut bedeckt sind.

3. Für etwa 1–2 Wochen verschlossen stehen lassen. Um Schimmelbildung zu vermeiden, sollte stets darauf geachtet werden, dass die Schalen immer gut mit Essig bedeckt sind. Eventuell muss Essig nachgegossen werden.

4. Nach dieser Reifezeit werden die Schalen herausgesiebt und der Orangen-Essig in eine Sprühflasche gefüllt.

5. Nun wird noch ein Teelöffel Betain hinzugegeben. Das Tensid reduziert die Oberflächenspannung und sorgt dafür, dass der Reiniger gut auf glatten Oberflächen haftet.

In diesem Reiniger vereinigen sich natürlich frischer Duft und kraftvolle Reinigung. Der Zeitaufwand für die Herstellung verteilt sich auf mehrere Arbeitsschritte und ist minimal.

EFEU-GESCHIRRSPÜLMITTEL

ZUTATEN

50 g Efeublätter

1 Teelöffel Waschsoda *(Natriumcarbonat)*

500 g Wasser

ZUBEREITUNG

1. Die Efeublätter grob zerkleinern, in einen Topf geben und Wasser aufschütten.

2. Dann einen Teelöffel Waschsoda hinzufügen. Dieses steigert die Fettlösekraft und wirkt keimtötend.

3. Den Sud erhitzen und für gut 5 Minuten aufkochen lassen. Nach dem Abkühlen durch ein Sieb abgießen und in geeignete Flaschen füllen.

ANWENDUNG

Eine Tasse des Efeureinigers ins Spülwasser geben. Das Spülmittel sollte nicht länger als 2 Wochen gelagert werden, da sich sonst Keime bilden. Efeu ist als immergrüne Pflanze das ganze Jahr verfügbar und kann stets frisch geerntet werden. Efeublätter sind nur bei Verzehr von großen Mengen giftig und daher im Spülmittel unbedenklich.

MOLKE-GESCHIRRSPÜLMITTEL

ZUTATEN

100 g Molke

10 g Betain

3 Tropfen ätherisches Lavendelöl

3 Tropfen ätherisches Zitronenöl

ZUBEREITUNG

1. Alle Zutaten in eine Flasche geben, schütteln – fertig.

Das Geschirrspülmittel ist sehr hautfreundlich und reinigt sowohl Geschirr als auch Arbeitsfläche gründlich.

ANTIBAKTERIELLE LAVENDEL-SCHEUERCREME

ZUTATEN

100 g Natron *(Natriumhydrogencarbonat, z. B. Kaiser-Natron)*

50 g Betain

10 g Glycerin

10 Tropfen ätherisches Lavendelöl

ZUBEREITUNG

1. Betain und Glycerin in einem Gefäß mischen.

2. Natron in das Gemisch löffelweise unterrühren,
bis eine homogene Masse entstanden ist.

3. Das ätherische Öl eintropfen – fertig.

ANWENDUNG

Einen Löffel der Scheuercreme auf die zu reinigende Fläche geben, mit einem Tuch verteilen und polieren. Die Reste der Reinigungscreme mit klarem Wasser entfernen.

Die Scheuercreme ist durch den hohen Anteil von Natriumhydrogencarbonat sehr alkalisch. Das Glycerin schützt die Haut und macht die Masse geschmeidiger.

EiNFACHER ORANGEN-SCHEUERBALSAM

100 g Schlämmkreide *(Calciumcarbonat)*

50 g Betain

10 Tropfen ätherisches Orangenöl

ZUBEREITUNG

1. Schlämmkreide dem Betain löffelweise unterrühren, bis eine homogene Masse entstanden ist.

2. Das ätherische Öl eintropfen – fertig.

ANWENDUNG

Einen Löffel der Scheuercreme auf die zu reinigende Fläche geben, mit einem Tuch verteilen und polieren. Die Reste der Reinigungscreme mit klarem Wasser entfernen.

SANFTE SCHEUERPASTE

ZUTATEN

50 g Soda *(Natriumcarbonat)*

30 g Betain

30 g Wiener Kalk oder Schlämmkreide

10 Tropfen ätherisches Zitrusöl nach Geschmack

Gegen starke Fettverschmutzung

ZUBEREITUNG

1. Soda und Wiener Kalk bzw. Schlämmkreide in einem Gefäß mischen.

2. Das Betain löffelweise unterrühren, bis eine cremige Masse entstanden ist.

3. Das ätherische Öl eintropfen – fertig.

ANWENDUNG

Einen Löffel der Scheuercreme auf die zu reinigende Fläche geben, mit einem Tuch verteilen und polieren. Die Reste der Reinigungscreme mit klarem Wasser entfernen.

FEINE ZITRONEN-SCHEUERMILCH

ZUTATEN

20 g Glycerin

10 g Emulsan

100 g Natron *(Natriumhydrogencarbonat)*

50 g Betain

30 g Bimssteinmehl

10 Tropfen ätherisches Zitronenöl

ZUBEREITUNG

1. Glycerin in einem kleinen Weckglas oder einem Labor-Becherglas erwärmen und das Emulsan darin schmelzen.

2. Vom Herd nehmen und Betain in einem dünnen Strahl zügig einrühren. Hierfür eignet sich ein kleiner Milchaufschäumer, der Pürierstab, der Handmixer oder ein Schneebesen.

3. Dann löffelweise Natron und Bimssteinmehl einrühren.

4. Zum Schluss das ätherische Öl eintropfen und die Scheuermilch in eine verschließbare Flasche füllen.

ANWENDUNG

Etwas Scheuermilch auf die zu reinigende Fläche geben, mit einem Tuch verteilen und polieren. Die Reste der Reinigungscreme mit klarem Wasser entfernen. Besonders das Kochfeld und das Spülbecken lassen sich damit sehr gut und schonend reinigen.

RHABARBER-SCHEUERMILCH

Ich verwende diese Scheuermilch für die Reinigung meiner Naturstein-Arbeitsplatte. Die im Rhabarber enthaltene Oxalsäure fällt in einer Lösung Calciumoxalat aus, das für die Oberflächenbehandlung von Natursteinen verwendet wird.

ZUTATEN

Einige grob zerkleinerte Rhabarberblätter

1 Liter Wasser

100 g Wiener Kalk

10 g Betain

ZUBEREITUNG UND ANWENDUNG

1. Die Pflanzenteile grob zerkleinern und mit kaltem Wasser übergießen, damit sie gut bedeckt sind.

2. Die Mischung für einen Tag stehen lassen und dann aufkochen. Für etwa 10 Minuten köcheln lassen.

3. Den Sud durch ein Sieb abseihen und abkühlen lassen.

4. Dann zusammen mit den restlichen Zutaten in eine Flasche füllen, gut schütteln – fertig.

Für empfindliche Oberflächen

MIT RHABARBER HARTNÄCKIGE VERKRUSTUNGEN AUS TÖPFEN LÖSEN

ZUTATEN

Einige grob zerkleinerte Rhabarberblätter

1 Esslöffel Waschsoda *(Natriumcarbonat)*

ZUBEREITUNG UND ANWENDUNG

1. Beide Zutaten in den verkrusteten Topf geben, mit etwas Wasser auffüllen und kurz aufkochen lassen.

2. Vom Herd nehmen und für einige Stunden stehen lassen, bis sich die Verkrustungen gelöst haben.

RHABARBER-FRÜHJAHRSKUR FÜR TÖPFE UND PFANNEN

Übrige Rhabarberblätter können direkt zur Reinigung von Töpfen und Pfannen verwendet werden. Einfach etwas zerkleinern und mit ein wenig Wasser direkt in den Töpfen mitkochen. Schon nach kurzer Zeit glänzen sie wieder und sind frei von Kalkrändern und Flecken.

ROSTENTFERNER AUS RHABARBERSUD

Selbst rostfreies Edelstahlbesteck hat oftmals kleine Rostflecke, wenn es aus der Spülmaschine kommt. Zwar rostet das Besteck nicht selbst, sondern hat nur Flugrost aufgenommen. Dieser lässt sich durch ein Bad in Rhabarbersud leicht entfernen. Hierzu werden Rhabarberblätter etwas zerkleinert und zusammen mit dem Besteck in einem großen Topf aufgekocht. Dann das Gemisch noch etwas ziehen lassen. Nach dem Entnehmen aus dem Sud das Besteck mit klarem Wasser abspülen.

Ebenso können Rostflecken und Verkalkungen von Perlatoren und Ausläufen an Wasserhähnen beseitigt werden. Die entsprechenden Teile werden vom Wasserhahn abgeschraubt und im Rhabarbersud gekocht.

RHABARBER-BACKOFENREINIGER

ZUTATEN

Wasser und einige grob zerkleinerte Rhabarberblätter

3 Esslöffel Waschsoda (*Natriumcarbonat*)

3 Esslöffel Betain

3 Esslöffel Salz

ZUBEREITUNG UND ANWENDUNG

1. Die Pflanzenteile grob zerkleinern und mit kaltem Wasser übergießen, damit sie gut bedeckt sind.

2. Die Mischung für einen Tag stehen lassen und dann aufkochen. Für etwa 10 Minuten köcheln lassen.

3. Den Sud durch ein Sieb abseihen.

4. Salz und Natriumcarbonat in einem Gefäß mischen und in 250 g Rhabarbersud einrühren.

5. Dann das Betain darunterrühren und alles in eine Flasche füllen.

6. Der Reiniger wird im Backofen verteilt und sollte etwas einwirken. Danach mit einem nassen Lappen den gelösten Schmutz und die Reste des Reinigers wieder abnehmen.

HERDPLATTEN- UND BACKOFEN-REINIGUNGSPULVER

ZUTATEN

3 Esslöffel Wiener Kalk

3 Esslöffel Natron *(Natriumhydrogencarbonat)*

1 Teelöffel Zitronensäurepulver

ZUBEREITUNG UND ANWENDUNG

1. Die Pulver in einem Glas mischen und gut verschließen, damit die Mischung nicht feucht wird und dann verklumpt.

2. Das Pulver auf einen feuchten Lappen oder direkt auf die Herdplatte streuen. Mit einem feuchten Lappen verreiben, bis sich der Schmutz löst. Danach mit einem nassen Lappen den gelösten Schmutz und die Reste des Reinigers wieder abnehmen.

ZITRONEN-EUKALYPTUS-REINIGER

ZUTATEN

250 g Wasser

100 g Zitronenessig-Auszug

10 g Waschsoda *(Natriumcarbonat)*

10 g Betain

10 Tropfen ätherisches Eukalyptusöl

ZUBEREITUNG UND ANWENDUNG

1. Einen Essigauszug aus Zitronenschalen und Weinessig herstellen.

2. Das Wasser auf ungefähr 60 °C erwärmen und Natriumcarbonat darin auflösen.

3. Nach dem Abkühlen die restlichen Zutaten dazugeben. In eine Flasche füllen, schütteln – fertig.

Für einen hygienisch sauberen Küchen- fußboden

KRÄUTER-APFELESSIG

Hier noch eine Variante des Pestessigs, die ganz wunderbar riecht und vor allem im Winter einen sehr angenehmen Duft verbreitet. Der leistungsstarke Hygienereiniger löst auf allen glatten Oberflächen Schmutzablagerungen, die der Nährboden für Bakterien sind. Der lebensmittelsaubere Kräuter-Apfelessig kann auch sehr gut zum Reinigen der Mikrowelle und der Arbeitsflächen verwendet werden.

ZUTATEN

10 Gewürznelken

2 Zimtstangen

2 geriebene Muskatnüsse

Schalen von einer Orange

Optional 5 Tropfen ätherisches Fichtennadelöl

500 g Apfelessig

50 g Spiritus

20 g Betain

Für hygienische Sauberkeit im Kühlschrank

VORBEREITUNG

1. Die Kräuter grob zerkleinern und in ein verschließbares Glas geben. Es sollte kein Kunststoffbehältnis sein, da die Essigsäure bedenkliche Bestandteile aus dem Kunststoff löst. Mit Apfelessig aufgießen, sodass die Kräuter gut bedeckt sind.

2. Für ein paar Tage verschlossen stehen lassen, bis die Kräuter den Essig dunkel färben. Um Schimmelbildung zu vermeiden, sollte stets darauf geachtet werden, dass die Kräuter immer gut mit Essig bedeckt sind.

3. Dann wird der Essigauszug abgesiebt, sodass sich keine Kräuterreste mehr im Essig befinden.

4. Orangenschalen zerkleinern und in den Spiritus einlegen, sodass sie gut bedeckt sind.

5. Für ein paar Tage verschlossen stehen lassen. Um Schimmelbildung zu vermeiden, sollte stets darauf geachtet werden, dass die Schalen immer gut mit Alkohol bedeckt sind.

6. Dann wird der Alkoholauszug abgesiebt, sodass sich keine Schalenreste mehr in der Flüssigkeit befinden.

ZUBEREITUNG

1. Kräuter-Apfelessig-Auszug mit Orangen-Alkohol-Auszug im Verhältnis 10:1 mischen. In eine Flasche abfüllen und das Betain hinzufügen, schütteln – fertig.

2. Optional können noch ein paar Tropfen ätherisches Fichtennadelöl beigefügt werden.

ENTKALKEN MIT ZITRONENSÄURE UND ESSIGESSENZ

Das Entkalken mit Zitronensäure oder Essigessenz ist eigentlich nicht außergewöhnlich und weit verbreitet. Der Vollständigkeit halber möchte ich diese Rezepte dennoch aufnehmen.

Vorweg möchte ich davon abraten, Kaffee- und Espressomaschinen mit Zitronensäure zu entkalken.

Wasserkocher lassen sich dagegen sehr gut mit Zitronensäure entkalken. Hierfür wird ein Esslöffel Zitronensäure auf einen Liter Wasser benötigt. Das Wasser sollte auf keinen Fall erhitzt werden, sondern höchstens lauwarm sein. Ich lasse die Mischung immer über Nacht stehen und lege noch einen abgeschraubten Perlator vom Wasserhahn mit ein. Falls der Duschkopf im Wasserkocher Platz findet, kann dieser ebenfalls mit entkalkt werden. Hierfür wird der Wasserkocher einfach in der Dusche oder Badewanne platziert. Am nächsten Morgen kann die Zitronensäuremischung in die Toilette geschüttet werden, um dort noch ein wenig einzuwirken.

Ebenso wirksam entkalkt Essigessenz. Diese sollte jedoch immer mit Wasser im Verhältnis 1:2 verdünnt werden. Das bedeutet, ein Teil Essigessenz auf zwei Teile Wasser. So lassen sich auch klassische Filter-Kaffee-Maschinen gut entkalken. Beim Entkalken von Kaffeevollautomaten sollten immer die Herstellerhinweise beachtet werden.

Grundsätzlich müssen die Geräte immer nach dem Entkalken gut mit Wasser nachgespült werden!

SPÜLMASCHINENREINIGER

Vorweg möchte ich noch bemerken, dass bequeme Sauberkeit auch nicht alles ist, denn die Materialschonung sollte wie auch der Umweltschutz eine größere Rolle spielen. Die vier verbliebenen Zutaten reichen aus, damit das Geschirr gut gereinigt aus der Spülmaschine kommt. Die Zitronensäure enthärtet das Wasser und vermeidet Kalkablagerungen. Waschsoda (Natriumcarbonat) sowie Speisenatron (Natriumhydrogencarbonat) lösen Fett und Schmutz. Das Spülmaschinensalz ist hochgereinigtes Natriumchlorid, also Kochsalz ohne Rieselhilfe und Jod.

ZUTATEN

100 g Zitronensäure *(Pulver)*

300 g Waschsoda *(Natriumcarbonat)*

100 g Natron *(Natriumhydrogencarbonat)*

100 g Spülmaschinensalz

ZUBEREITUNG UND ANWENDUNG

1. Alle Zutaten werden so trocken wie möglich in einem gut verschließbaren Glas gemischt und aufbewahrt.

2. Das Pulver wird mit einem Löffel wie gewohnt in das vorgesehene Fach der Spülmaschine gefüllt.

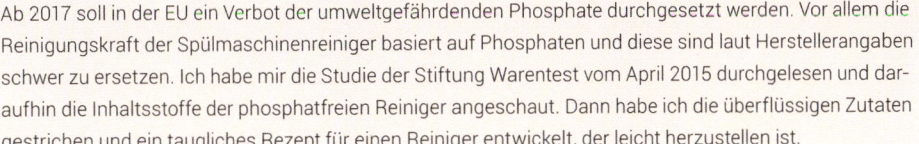

Ab 2017 soll in der EU ein Verbot der umweltgefährdenden Phosphate durchgesetzt werden. Vor allem die Reinigungskraft der Spülmaschinenreiniger basiert auf Phosphaten und diese sind laut Herstellerangaben schwer zu ersetzen. Ich habe mir die Studie der Stiftung Warentest vom April 2015 durchgelesen und daraufhin die Inhaltsstoffe der phosphatfreien Reiniger angeschaut. Dann habe ich die überflüssigen Zutaten gestrichen und ein taugliches Rezept für einen Reiniger entwickelt, der leicht herzustellen ist.

KLARSPÜLER FÜR DIE SPÜLMASCHINE

Ich habe oft gelesen, dass Essig den gekauften Klarspüler ersetzen kann. Doch kamen mir auch kritische Meinungen unter, die vor Essig oder gar Essigessenz warnen, da die Säure die Gummiteile der Spülmaschine angreifen. Um mir Klarheit zu verschaffen, habe ich die Inhaltsangaben verschiedener industriell gefertigter Klarspüler verglichen. Alle enthielten im Wesentlichen neben Wasser noch Zitronensäure, Alkohol, Emulgatoren, Tenside, Stabilisatoren, Konservierungsmittel und Duftstoffe. Aus diesen Grundinformationen habe ich dann einen Klarspüler zusammengestellt, der alle Funktionen erfüllt, nämlich das Geschirr gut zu trocknen, ohne dass Schlieren entstehen oder Kalkrückstände verbleiben.

ZUTATEN

200 g Wasser

20 g Zitronensäure

optional: 10 g Ethanol, Schalen von Zitrusfrüchten

5 g Betain

5 Tropfen ätherisches Öl nach Geschmack

ZUBEREITUNG UND ANWENDUNG

1. Das Wasser auf ungefähr 50 °C erwärmen und die Zitronensäure darin auflösen. Restliche Zutaten dazugeben und in eine Flasche füllen.

2. Falls ich gerade Schalen von Zitrusfrüchten übrig habe, lege ich diese für ein paar Tage in Ethanol ein. Diesen Auszug füge ich dann der Mischung bei.

3. Die Anwendung erfolgt wie bei gekauften Klarspülern.

Die Niederösterreichische Umweltberatung und Arbeiterkammer vertritt die Meinung, dass Klarspüler zu den unnötigen Reinigungsmitteln gehört. Sie empfehlen, die Maschine nach Beenden des Spülprogramms sofort zu öffnen, um die Kondensation am Geschirr zu vermeiden. Eventuell verbliebenes Wasser, das zu Kalkflecken führt, kann problemlos mit einem trockenen Tuch bei Herausnehmen des Geschirrs aus der Maschine entfernt werden.

HOLZWACHS

- » Holzwachs für Weichholzmöbel
- » Antibakterielles Holzwachs zur Pflege von Holzspielsachen
- » Möbelpolitur

Möbelpflege

In unserem Haus gibt es nur Vollholzmöbel, manche sind schon über 100 Jahre alt. Wir lieben die guten alten Stücke, die oft schon sichtbare Spuren früherer Besitzer tragen. Es sind Möbel mit Charakter und voller Geschichten, die bei uns wieder ein Zuhause gefunden haben. Sie brauchen die gleiche liebevolle Pflege, die sie in der Zeit hatten, als sie kunstvoll gefertigt wurden.

HOLZWACHS FÜR WEICHHOLZMÖBEL

Aus wenigen natürlichen Zutaten lässt sich dieses pflegende Holzwachs schnell herstellen. Es pflegt und reinigt aber auch Schneidebretter, Tischplatten und Arbeitsflächen. Das Bienenwachs und die ätherischen Öle wirken antibakteriell und schaffen eine gesunde und hygienische Sauberkeit auf natürliche Weise.

50 g Leinöl

15 g Bienenwachs

5 Tropfen ätherisches Orangen- oder Zitronen- oder Grapefruitöl

5 Tropfen ätherisches Salbeiöl

ZUBEREITUNG

1. Leinöl und Bienenwachs in ein Schraubglas wiegen. Die Fette im Wasserbad sanft erwärmen, bis sie klar geschmolzen sind.

2. Die ätherischen Öle eintropfen und unterrühren.

3. Die Mischung auskühlen lassen und bis zum Gebrauch im geschlossenen Deckelglas aufbewahren.

ANWENDUNG

Mit einem großen Löffel wird etwas Holzwachs entnommen. Mit einem Tuch großzügig über dem Holz verteilen und gut einreiben. Dann so lange polieren, bis das Holzwachs gut eingearbeitet ist. Falls Reste des Wachses verbleiben, werden diese mit einem sauberen Tuch abgenommen.

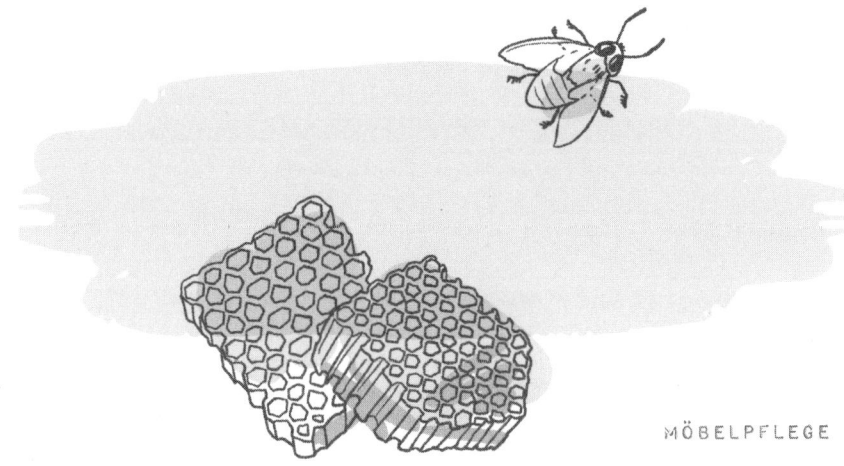

ANTIBAKTERIELLES HOLZWACHS ZUR PFLEGE VON HOLZSPIELSACHEN

Dieses Holzwachs ist vor allem für die Pflege von Holzspielsachen gedacht. Das schadstofffreie Wachs schadet auch zarten Kinderhänden nicht und Sie können gemeinsam mit Ihrem Nachwuchs die Spielsachen reinigen. Das Bienenwachs und die ätherischen Öle wirken antibakteriell und schaffen eine gesunde, hygienische Sauberkeit auf natürliche Weise. Für die Anwendung wird mit einem Tuch etwas vom Holzwachs entnommen und das Holz gereinigt.

ZUTATEN

10 g Lanolin

10 g Bienenwachs

10 g Leinöl

10 g Wasser

5 Tropfen ätherisches Lavendelöl

3 Tropfen ätherisches Orangen- oder Zitronenöl

ZUBEREITUNG

1. Leinöl, Lanolin und Bienenwachs in ein Schraubglas wiegen. Die Fette im Wasserbad sanft erwärmen, bis sie klar geschmolzen sind.

2. Das Wasser etwa auf 50 °C erwärmen und in die geschmolzene Fettmasse in einem dünnen Strahl unter Rühren einarbeiten.

3. Die ätherischen Öle eintropfen und unterrühren.

4. Die Mischung auskühlen lassen und bis zum Gebrauch im geschlossenen Deckelglas aufbewahren.

MÖBELPOLITUR

ZUTATEN

50 g Leinöl

50 g Zitronen-Essigauszug *(Anfertigung siehe Seite 41)*

ZUBEREITUNG UND ANWENDUNG

1. Zutaten in einer Sprühflasche mischen und vor Gebrauch immer schütteln.

2. Auf ein Tuch aufsprühen und die Holzflächen mit kreisenden Bewegungen reinigen. Eventuell mit einem frischen Baumwolltuch nachreiben.

LAVENDEL-ORANGEN-
HYGIENEREINIGER > S. 86

» Lavendel-Orangen-Hygienereiniger
» Blattläuse bekämpfen mit
  Rhabarbersud
» Kräutersäckchen zum Schutz gegen
  Kleidermotten

Ohne Chemiekeule Schädlinge bekämpfen

Chemische Schädlingsbekämpfungsmittel sollten nur mit Bedacht angewendet werden, denn die Gifte sind nicht nur für die Schädlinge gefährlich, sondern können auch beim Menschen Gesundheitsschäden hervorrufen. Um Schädlinge im Haus zu vermeiden, sollte man ihnen den Zugang in die Räume so schwer wie möglich machen. Geschlossene saubere Schränke und gut verpackte Lebensmittel erschweren das Eindringen von Schädlingen. Essensreste und Abfall sollte immer regelmäßig aus dem Haus gebracht werden. Oftmals befinden sich Lebensmittelmotten und Milben bereits vor dem Kauf in den Verpackungen. Es lohnt sich, die Vorräte immer wieder zu kontrollieren.

LAVENDEL-ORANGEN-HYGIENEREINIGER

Schränke, in denen Lebensmittel gelagert werden, müssen besonders reinlich gehalten werden. Um ungebetene Gäste wie Ameisen, Milben, Motten und Käfer fernzuhalten, leistet diese Abwandlung des Pestessigs gute Dienste.

ZUTATEN

Wermut

Lavendel

Schale von einer Orange

10 Tropfen ätherisches Lavendelöl

500 g Weißweinessig

50 g Spiritus

20 g Betain

VORBEREITUNGEN

1. Die Kräuter grob zerkleinern und in ein verschließbares Glas geben. Es sollte kein Kunststoffbehältnis sein, da die Essigsäure bedenkliche Bestandteile aus dem Kunststoff löst. Mit Essig aufgießen, sodass die Kräuter gut bedeckt sind. Für ein paar Tage verschlossen stehen lassen, bis die Kräuter den Essig dunkel färben. Um Schimmelbildung zu vermeiden, sollte stets darauf geachtet werden, dass die Kräuter immer gut mit Essig bedeckt sind. Dann wird der Essigauszug abgesiebt, sodass sich keine Kräuterreste mehr im Essig befinden.

2. Orangenschalen zerkleinern und in den Spiritus einlegen, sodass sie gut bedeckt sind. Für ein paar Tage verschlossen stehen lassen. Die Schalen sollten immer gut mit Alkohol bedeckt sein, damit sich kein Schimmel ansetzt. Dann wird der Alkoholauszug abgesiebt, sodass sich keine Schalenreste mehr in der Flüssigkeit befinden.

1. Wermut-Lavendel-Essigauszug mit Orangen-Alkohol-Auszug im Verhältnis 10:1 mischen. In eine Flasche abfüllen und das Betain sowie das ätherische Lavendelöl hinzufügen, schütteln – fertig.

2. Der Reiniger kann direkt aufgesprüht und dann mit klarem Wasser abgenommen, oder dem Putzwasser beigefügt werden.

3. Mülleimer riechen, nachdem sie mit dem Reiniger ausgespült wurden, wieder angenehm und bieten wenig Nährboden für Keime und keine Nahrung für Schädlinge.

BLATTLÄUSE BEKÄMPFEN MIT RHABARBERSUD

Wer auf synthetisch hergestellte Pflanzenschutzmittel verzichten möchte, dem bietet dieses einfache Rezept eine wirksame Alternative.

Rhabarbersud wie beschrieben *(siehe Seite 68)* herstellen, in eine Sprühflasche füllen und die befallenen Pflanzen damit besprühen. Der Vorgang sollte mehrmals wiederholt werden.

KRÄUTERSÄCKCHEN
ZUM SCHUTZ GEGEN KLEIDERMOTTEN

Die Larven der Kleidermotte ernähren sich vom Protein Keratin, das in Tierhaaren enthalten ist. Daher ist hochwertige Kleidung mit hohem Wollanteil oder gar Seide besonders gefährdet. Doch auch Mischgewebe oder Baumwolle wird von Raupen gefressen, aber nicht verdaut. Sollten im Schrank getragene, ungereinigte Kleidungsstücke lagern, dann bilden die darauf befindlichen Hautschuppen und Haare eine zusätzliche Nahrungsquelle. Es gibt aber einfache Mittel, um Kleidung, Polstermöbel und Teppiche gegen die gefräßigen Schädlinge zu schützen. Grundsätzlich sollte nur saubere Kleidung im Schrank verstaut werden. Teppiche und Polstermöbel müssen regelmäßig gereinigt und von Staub befreit werden.

Leider setzt die Textilindustrie sehr giftige Insektizide gegen Schädlingsbefall ein. Selbstverständlich nicht, damit der Verbraucher sicher vor Mottenfraß sein kann, sondern damit die Ware während des Transports geschützt ist. Diese chemische Keule muss vor dem Tragen der neuen Kleidung unbedingt ausgewaschen werden, damit gesundheitliche Schäden weitgehend vermieden werden können.

Konventionelle Mottenkugeln enthalten übrigens auch für Menschen gefährliche Nervengifte!

Der Klassiker der natürlichen Mottenabwehr sind im Schrank aufgehängte Kräutersäckchen, da die Motten die in den Kräutern enthaltenen ätherischen Öle nicht mögen. Für besonders wertvolle Kleidungsstücke empfehlen sich Kleiderbügel aus Zedern-, Niembaum- oder Zirbelkieferholz.

HERSTELLUNG

1. Die Herstellung von Kräutersäckchen ist ebenso einfach wie die Anwendung. Die Säckchen können entweder selbst genäht oder gehäkelt werden. Es werden aber auch fertige Baumwollsäckchen preiswert zum Kauf angeboten.

2. Die Kräuter werden leicht angetrocknet, in das Säckchen gefüllt und im Schrank oder in der Garderobe aufgehängt. Die Mischung und Zusammensetzung können Sie selbst bestimmen.

Diese Kräuter
sind besonders wirksam gegen Motten:
Allem voran Lavendel, sehr gut duftet der Waldmeister.
Doch auch Heiligenkraut, Rainfarn,
Wermut, Salbei und Rosmarin schrecken die
lästigen Schädlinge ab.

» Einfacher Fensterreiniger
» Apfelessig-Zitronen-Fensterreiniger
» Reinigung von stark verschmutzten
Fenstern

ORANGEN-
ESSIG-
REINIGER

limetten-
essig-
reiniger

zitronen-
essig-
reiniger

Fenster und Spiegel

Der große Frühjahrputz wird zwar nicht mehr unbedingt zelebriert, aber dennoch können selbst Putzmuffel dem Drang nicht widerstehen, die Fenster zu reinigen, wenn die Sonne durchscheint. Ich schaffe es, diesem Verlangen so lange nicht nachzukommen, bis der Pollenflug vorbei ist. Fenster sind für mich das, was ich am allerwenigsten gerne putze. Jedoch musste ich die Rezepturen der Fensterreiniger testen, sodass ich doch eine gewisse Motivation hatte. Die hier vorgestellten Reiniger sind meine Favoriten. Sie sind einfach herzustellen und machen Glas- und Spiegelflächen streifenfrei sauber.

EINFACHER FENSTERREINIGER

200 g Spiritus

200 g Wasser

20 g Essig mit 5 % Säure

5 g Betain

ZUBEREITUNG

1. Alle Zutaten in eine Sprühflasche geben, schütteln – fertig.
Ich verwende gerne meinen selbst gemachten Zitronenessig, den ich aus Zitronenschalen und Weinessig herstelle *(siehe Seite 41)*. Sehr gute Ergebnisse habe ich auch mit Apfelessig erzielt.

APFELESSIG-ZITRONEN-FENSTERREINIGER

ZUTATEN

200 g Spiritus

200 g Wasser

20 g Apfelessig

5 g Betain

5 g Zitronensäure *(Pulver)*

Schalen von einer Zitrone

ZUBEREITUNG

1. Zitronenschalen für 1–2 Wochen in Spiritus ausziehen. Alle Zutaten in eine Sprühflasche geben, schütteln – fertig.

REINIGUNG VON STARK VERSCHMUTZTEN FENSTERN

Besonders im Frühjahr brauchen die Fenster eine feuchte Reinigung. Nach dem Winter haften Ruß und Straßenschmutz an den Außenseiten. Auch der Pollenflug hinterlässt oft eine dicke Staubschicht, die nicht allein mit einem Spray zu entfernen ist. Hier empfiehlt sich eine nasse Vorreinigung, die den anhaftenden Schmutz löst, danach die Scheiben mit einem Spray streifenfrei polieren.

ZUTATEN FÜR DEN ERSTEN ARBEITSGANG

2 Liter sehr warmes Wasser

50 g Essig mit 5 % Säure

20 g Betain

ZUBEREITUNG UND ANWENDUNG

1. Alle Zutaten in einen Putzeimer geben und mit einem Schwamm die Fenster vom Schmutz befreien.

ZUTATEN FÜR DEN ZWEITEN ARBEITSGANG

200 g destilliertes Wasser

50 g Isopropanol

ZUBEREITUNG

1. Beide Zutaten in eine Sprühflasche geben, schütteln und auf die vorgereinigten Scheiben sprühen. Mit einem fusselfreien Tuch aus Leinen oder Baumwolle nachreiben.

Ich habe oft gelesen, dass Zeitungspapier die Fenster streifen- und fusselfrei poliert. Ich konnte jedoch bessere Ergebnisse mit alten Tüchern aus Leinen oder einem klassischen Fensterleder erzielen.

» Bunt-Waschmittel aus Rosskastanien
» Efeu-Feinwaschmittel
» Sensitives Feinwaschmittel aus
    Seifenkraut
» Birken-Feinwaschmittel
» Waschmittel für weiße Wäsche
» Strahlendes Weiß durch Wäscheblau

Wäsche

Auf der Suche nach Alternativen zu herkömmlichen Waschmitteln stieß ich häufig auf Tipps nach dem Motto „Was Oma noch wusste". Früher musste die Wäsche unter großem Körpereinsatz von Hand gemacht werden. Heute erledigen Waschmaschine und Wäschetrockner die einstmals mühevolle Arbeit.

So wie das Wäschewaschen haben sich auch die Textilien verändert. Früher war noch ein Großteil der Kleidung aus Leinen, Wolle, und Baumwolle. Heute besteht sie großteils aus Kunstfasern, die pflegeleicht und knitterarm, aber bei Weitem nicht umweltfreundlich sind. So schwemmt z. B. der Abrieb beim Waschen von Funktionskleidung das schädliche Mikroplastik in die Gewässer. Kleidung sollte in dieser Hinsicht sorgfältig ausgesucht werden.

Beziehen Sie auch die Herkunft und die damit verbundenen Arbeitsbedingungen mit in den Kaufentscheid ein. Textilien sollten länger getragen und vor allem umweltfreundlicher gewaschen werden. Einige Beispiele möchte ich Ihnen hier vorstellen.

BUNT-WASCHMITTEL AUS ROSSKASTANIEN

Dieses einfach herzustellende Waschmittel wäscht die Buntwäsche umweltfreundlich und preiswert. Besonders empfindliche Feinwäsche, wie meine handgestrickten Textilien aus pflanzengefärbter Wolle, wird schonend gereinigt. Das ätherische Lavendelöl lässt die Wäsche noch lange duften und hält die Schränke frei von Motten. Selbstverständlich kann auch ein anderes ätherisches Öl gewählt werden. Im Winter mag ich auch gerne die Frische von Pfefferminzöl oder den warmen Duft von Orangenöl.

Hier möchte ich noch ein paar Worte zum Thema *Wäscheduft* loswerden. Wir mögen den aufdringlichen Geruch von parfümierten Waschmitteln und Weichspülern nicht, schon deshalb meiden wir sie. Besonders unsere Bettwäsche riecht herrlich frisch, wenn sie im Freien auf der Wäscheleine getrocknet wurde, da würde der *naturidentische* Duft nur stören.

In unserem Haushalt wurde noch nie ein Weichspüler verwendet, da sowohl die Verpackung als auch der Inhalt der Umwelt schaden. Vor allem Wäsche aus Baumwolle, wie Hand- und Geschirrtücher oder Bettwäsche, ist nicht mehr saugfähig. Die in Weichspülern enthaltenen Duftstoffe irritieren nicht nur die Nase, sondern auch die Haut.

5–6 getrocknete Rosskastanien

1 Teelöffel Waschsoda *(Natriumcarbonat)*

10 Tropfen ätherisches Lavendelöl

ZUBEREITUNG

1. Die Kastanien in ein Geschirrtuch wickeln und mit dem Fleischklopfer grob zerschlagen, dann so fein wie möglich zerkleinern. Gute Dienste leisten hier alte Kaffeemühlen, Blender oder der Thermomix.

2. Die zerkleinerten Kastanien in ein Glas geben und mit heißem Wasser überbrühen. Für einige Stunden stehen lassen und dann durchsieben.

3. Im gewonnenen Sud einen Teelöffel Waschsoda auflösen und das ätherische Öl eintropfen.

ANWENDUNG

Den Sud ins Hauptfach der Waschmaschine geben und die Wäsche wie gewohnt waschen.

Besonders empfindliche Feinwäsche wird schonend gereinigt.

EFEU-FEINWASCHMITTEL

ZUTATEN

50 g Efeublätter

1 Teelöffel Waschsoda (*Natriumcarbonat*)

500 g Wasser

5 Tropfen ätherisches Limettenöl

5 Tropfen ätherisches Salbeiöl

ZUBEREITUNG

1. Die Efeublätter grob zerkleinern, in einen Topf geben und Wasser aufschütten.

2. Den Sud erhitzen und für gut 5 Minuten aufkochen lassen.

3. Nach dem Abkühlen durch ein Sieb abgießen, einen Teelöffel Waschsoda im Sud auflösen und das ätherische Öl eintropfen.

ANWENDUNG

Den Sud ins Hauptfach der Waschmaschine geben und die Wäsche wie gewohnt waschen.

SENSITIVES FEINWASCHMITTEL AUS SEIFENKRAUT

Das Seifenkraut ist reich an waschaktiven Substanzen, die einen natürlichen Schaum bilden. Außerdem ist noch ein Flavonglycosid enthalten, dem bakterien-, pilz- und virenhemmende Eigenschaften zugesprochen werden.

Das Seifenkraut kann ganzjährig geerntet werden und lässt sich sehr gut trocknen. Es ist auch im Handel getrocknet erhältlich.

ZUTATEN

100 g geschnittenes Seifenkraut

5 Tropfen Lavendelöl

ZUBEREITUNG

1. Einen halben Liter Wasser abkochen, das geschnittene Seifenkraut (Blüten, Blätter und Stängel) hineingeben und so lange ohne Deckel weiterkochen, bis die Hälfte des Wassers verdunstet ist.

2. Nach dem Abkühlen durch ein Sieb abgießen und das ätherische Öl eintropfen.

ANWENDUNG

Den Sud ins Hauptfach der Waschmaschine geben und die Wäsche wie gewohnt waschen.

Dieses allergiefreie Feinwaschmittel eignet sich vor allem für Babys und Kinder.

BiRKEN-FEINWASCHMITTEL

ZUTATEN

500 g Wasser

50 g Birkenblätter

30 g Betain

2 Esslöffel Waschsoda *(Natriumcarbonat)*

5 Tropfen ätherisches Melissenöl

5 Tropfen ätherisches Zitronenöl

ZUBEREITUNG

1. Die Birkenblätter grob zerkleinern, in einen Topf geben und Wasser aufschütten. Den Sud erhitzen und für gut 5 Minuten aufkochen lassen.

2. Nach dem Abkühlen durch ein Sieb abgießen, Waschsoda im Sud auflösen, Betain einrühren und die ätherischen Öle eintropfen.

ANWENDUNG

Den Sud ins Hauptfach der Waschmaschine geben und die Wäsche
wie gewohnt waschen.

WASCHMITTEL FÜR WEISSE WÄSCHE

Auf der Suche nach einem alltagstauglichen Rezept für ein Weiß-Waschmittel habe ich verschiedene waschaktive Substanzen ausprobiert. Da geriebene Seife in der Waschmaschine sehr schäumt, sind industriell hergestellten Waschmitteln sogenannte Schaumbremser zugesetzt. Ich habe mich daher für Betain als Tensid entschieden, das nicht so sehr schäumt, aber sehr gut reinigt.

ZUTATEN

750 g Wasser

50 g Spezialsalz für Spülmaschinen

50 g Betain

50 g Waschsoda *(Natriumcarbonat)*

50 g Natron *(Natriumhydrogencarbonat)*

20 g Zitronensäure

10 Tropfen ätherisches Öl nach Geschmack

ZUBEREITUNG UND ANWENDUNG

1. Das Wasser auf ungefähr 50 °C erwärmen und die Zitronensäure darin auflösen.

2. Natron, Waschsoda und Spezialsalz mischen und im warmen Wasser auflösen.

3. Zum Schluss das Betain unterrühren und die ätherischen Öle eintropfen.

4. Ungefähr 25–40 g des Waschmittels in das dafür vorgesehene Fach einfüllen. Ich habe immer ein Portionierglas neben der Waschmaschine stehen, das erleichtert mir das Abmessen.

STRAHLENDES WEISS DURCH WÄSCHEBLAU

Auf einem Flohmarkt entdeckte ich einen Lagerbestand eines aufgelösten Tante-Emma-Ladens. Darunter war auch eine Schachtel voller kleiner Tüten mit Wäscheblau. Der Verkäufer klärte mich dann über die Verwendung auf. Ich bin heute noch froh, dass ich die ganze Schachtel gekauft habe, denn der Preis war lächerlich und die Ausbeute reicht noch für Jahre. Zwischenzeitlich habe ich festgestellt, dass Wäscheblau wieder für den Endverbraucher verkauft wird. Das Verpackungsdesign ist dem historischen Vorbild ähnlich. Wäscheblau ist das mineralische Pigment Ultramarin, das die Gegenfarbe zum „Gilb" ist. Ultramarin absorbiert ultraviolettes Licht und gibt es als sichtbares Licht wieder ab. Das Ergebnis ist strahlend weiße Wäsche.

750 g Wasser
....

50 g Spezialsalz für Spülmaschinen
....

10 g Zitronensäure
....

50 g Betain
....

50 g Waschsoda *(Natriumcarbonat)*
....

50 g Natron *(Natriumhydrogencarbonat)*
....

5 g Wäscheblau
....

10 Tropfen ätherisches Orangenblütenöl
....

5 Tropfen ätherisches Pfefferminzöl
....

ZUBEREITUNG

1. Das Wasser auf ungefähr 50 °C erwärmen und die Zitronensäure darin auflösen.

2. Natron, Waschsoda, Spezialsalz und Wäscheblau mischen und im warmen Wasser auflösen.

3. Zum Schluss das Betain unterrühren und die ätherischen Öle eintropfen.

4. Ungefähr 25–40 g des Waschmittels in das dafür vorgesehene Fach einfüllen. Ich habe immer ein Portionierglas neben der Waschmaschine stehen, das erleichtert mir das Abmessen.

5. Dieses Waschmittel wäscht nicht nur Weißwäsche wie neu, sondern verleiht auch Gardinen ein strahlendes Weiß und einen herrlichen Duft.

Übrigens werden industriell hergestellten Weißwaschmitteln verschiedene chemische optische Aufheller zugefügt.

» Feuchtreinigung für glattes Leder
» Schuhcreme für glattes Leder
» Lederfett
» Lederöl für feines, weiches Leder

Lederpflege

Leder ist ein wertvolles Naturprodukt und muss fachgerecht gereinigt und gepflegt werden. Ob es sich nun um Lederbezüge auf Möbeln, um Schuhe, Sattelzeug oder Taschen handelt, gute Pflege verlängert die Lebensdauer dieser Produkte.

Die nachfolgenden Rezepturen enthalten Wachse und Öle, die das Leder geschmeidig halten und imprägnieren. Das in den ätherischen Nadelholzölen enthaltene Terpentin ist sowohl ein natürliches Lösemittel als auch ein Reinigungsmittel.

FEUCHTREINIGUNG FÜR GLATTES LEDER

Die Sitzflächen unserer Gründerzeitstühle sind mit geprägtem Leder bezogen.
Dieses muss regelmäßig gereinigt und gepflegt werden, damit es nicht fleckig
und rissig wird. Aber auch moderne Polstermöbel mit einem Überzug aus ech-
tem Leder brauchen Reinigung und Pflege, denn sie sind edel und teuer. Das
folgende Reinigungsmittel ist nicht für Velourleder geeignet.

ZUTATEN

1 Liter destilliertes Wasser

10 g Glycerin

10 g Betain

5 g Spiritus

20 Tropfen ätherisches Kiefernnadelöl oder Fichtennadelöl

20 Tropfen ätherisches Orangenöl

10 Tropfen ätherisches Lavendelöl

ZUBEREITUNG UND ANWENDUNG

1. Zutaten in einer Sprühflasche mischen und vor Gebrauch immer schütteln.

2. Den Reiniger auf das Leder aufsprühen. Nach dieser nebelfeuchten Reinigung sofort mit einem trockenen Tuch nachreiben. Es ist wichtig, dass
   destilliertes Wasser verwendet wird, damit sich keine Kalkflecken bilden.
   Bei Bedarf kann nach der feuchten Reinigung eine pflegende Creme aufge-
   tragen werden.

SCHUHCREME FÜR GLATTES LEDER

Die Zeiten scheinen vorbei, als gepflegte Schuhe noch die Visitenkarte des Trägers waren. Doch oftmals ergeben sich im Beruf Situationen, bei denen ein guter äußerer Eindruck wichtig ist, und zu diesem gehören auch tadellos gepflegte Schuhe. Selbst wenn es aus beruflichen Gründen nicht notwendig ist, so sichern gute Schuhe im wahrsten Sinne des Wortes ein gutes Auftreten. Die richtige Pflege verlängert die Lebensdauer der Schuhe deutlich.

ZUTATEN

30 g Lanolin *(Wollfett)*
....
60 g Speiseöl *(z. B. Sonnenblumenöl, Rapsöl oder Sojaöl)*
....
10 g Bienenwachs
....
5 Tropfen ätherisches Zitronen- oder Orangenöl
....
5 Tropfen ätherisches Wacholderöl
....
5 Tropfen ätherisches Kiefernnadelöl oder Fichtennadelöl
....

ZUBEREITUNG

1. Speiseöl, Lanolin und Bienenwachs in ein Schraubglas wiegen. Die Fette im Wasserbad sanft erwärmen, bis sie klar geschmolzen sind.

2. Die ätherischen Öle eintropfen und unterrühren.

3. Die Mischung auskühlen lassen und bis zum Gebrauch im geschlossenen Deckelglas aufbewahren.

ANWENDUNG

Schuhe sorgfältig von Staub und Schmutz befreien. Dann die Schuhcreme hauchdünn mit einem Schwämmchen oder feinen Tuch mit kreisenden Bewegungen auf den Schuh auftragen. Anschließend mit einem weichen Wolltuch oder mit einer weichen Schuhbürste polieren.

LEDERFETT

Dieses stark wasserabweisende Lederfett ist besonders für beanspruchte Schuhe wie zum Beispiel Arbeitsschuhe geeignet. Selbst brüchiges Leder kann damit wieder geschmeidig gemacht werden.

ZUTATEN

30 g Lanolin (Wollfett)
....
10 g Rizinusöl
....
10 g Bienenwachs
....
10 g Speiseöl (z. B. Sonnenblumenöl, Rapsöl oder Sojaöl)
....
10 g Kokosnussöl (z. B. Palmin)
....
15 Tropfen ätherisches Fichtennadelöl oder Kiefernnadelöl
....
5 Tropfen ätherisches Zitronen- oder Orangenöl
....

ZUBEREITUNG

1. Speiseöl, Rizinusöl, Kokosnussöl, Lanolin und Bienenwachs in ein Schraubglas wiegen. Die Fette im Wasserbad sanft erwärmen, bis sie klar geschmolzen sind.

2. Die ätherischen Öle eintropfen und unterrühren.

3. Die Mischung auskühlen lassen und bis zum Gebrauch im geschlossenen Deckelglas aufbewahren.

ANWENDUNG

Leder sorgfältig von Staub und Schmutz befreien. Das Lederfett mit einem Lappen in das Leder einmassieren, doch nicht zu dick auftragen. Etwas einziehen lassen und dann überschüssiges Fett mit einem Lappen abreiben.

LEDERÖL FÜR FEINES, WEICHES LEDER

Dieses Lederöl pflegt feines, glattes Leder, damit es weich und geschmeidig bleibt. Vor allem ist es für Ledermöbel, Koffer und Taschen geeignet.

ZUTATEN

20 g Rizinusöl

10 g Speiseöl (z. B. Sonnenblumenöl, Rapsöl oder Sojaöl)

10 g Kokosnussöl (z. B. Palmin)

5 Tropfen ätherisches Fichtennadelöl oder Kiefernnadelöl

5 Tropfen ätherisches Orangenöl

ZUBEREITUNG

1. Speiseöl, Rizinusöl und Kokosnussöl in ein Schraubglas wiegen. Die Fette im Wasserbad sanft erwärmen, bis sie klar geschmolzen sind.

2. Die ätherischen Öle eintropfen und unterrühren.

3. Die Mischung auskühlen lassen und bis zum Gebrauch im geschlossenen Deckelglas aufbewahren.

ANWENDUNG

Das Lederöl mit einem Schwamm gleichmäßig in das Leder einmassieren, doch nicht zu dick auftragen. Etwas einziehen lassen und dann überschüssiges Fett mit einem Lappen abreiben.

» Orangen-Minze Reinigungslösung
zum Staubwischen

Staubwischen

Eigentlich hatte ich nicht vor, diesem Thema ein Kapitel zu widmen. Doch die im Handel erhältlichen feuchten Staubtücher haben dann doch meine Aufmerksamkeit und damit meinen Unmut erregt. Die Hersteller preisen ihr Produkt damit an, dass die Tücher mit einem Wisch, ohne Nachwischen die Oberflächen streifenfrei sauber machen. Danach wird das Tuch einfach im Hausmüll entsorgt. Wisch und weg – ein weiteres Feuchttuch, das uns das Leben erleichtern soll. Sind feuchte Staubtücher tatsächlich die ideale Lösung zur schnellen und bequemen Reinigung oder nur noch mehr überflüssiger Müll und Verschwendung von wertvollen Ressourcen?

Aus welchem Material die mit Reinigungslösung getränkten Tücher sind, konnte ich nicht herausfinden. Die Inhaltsstoffe sind deklariert und geben Aufschluss darüber, worauf die Wirkung der Tücher basiert. Das auf der Verpackung angepriesene Avocadoöl steht an zehnter Stelle nach den mit 5 % enthaltenen Tensiden. Das bedeutet im Klartext, dass die Tücher mit ungefähr 95 % Wasser, 5 % Tensiden, Alkohol, dem Konservierungsstoff Phenoxyethanol, Emulgator, den Bioziden Methylisothiazolinon und Benzisothiazolinon und synthetischen Duftstoffen getränkt sind.

Das Avocadoöl verschwindet hinter all diesen fragwürdigen Inhaltsstoffen und kann nur noch zu einem ganz geringen Prozentsatz vertreten sein.

Wer sich die industriell gefertigten feuchten Staubtücher also sparen möchte, der kann sich diesen einfach herzustellenden Spray auf ein Staubtuch sprühen.

ORANGEN-MINZE REINIGUNGSLÖSUNG ZUM STAUBWISCHEN

ZUTATEN

100 g Wasser

5 g Betain

5 g Ethanol

5 Tropfen ätherisches Pfefferminzöl

5 Tropfen ätherisches Orangenöl

ZUBEREITUNG

1. Alle Zutaten in die Flasche füllen – schütteln – fertig. Die ätherischen Öle können selbstverständlich nach Geschmack ausgetauscht werden.

2. Sollten Sie noch Ethanol haben, in dem Orangenschalen ausgezogen wurden, dann ist dieses hier sehr gut einsetzbar.

ANWENDUNG

Reinigungslösung nebelfeucht auf das Staubtuch sprühen und wie gewohnt Staub wischen. Staubtücher lassen sich einfach aus alten Laken und Handtüchern herstellen. Wer auf die antistatische Eigenschaft der Mikrofasertücher nicht verzichten möchte und dennoch gerne näht, der kann sich aus einer alten Fleece-Decke ein tolles Staubtuch fertigen.

Reinigung der Raumluft durch ätherische Öle

Es ist wissenschaftlich belegt, dass der gezielte Einsatz von ätherischen Ölen die Keime in der Raumluft erheblich reduziert und so die Ausbreitung von Krankheiten vermindert. Die wohltuenden Düfte der ätherischen Öle haben eine harmonisierende, anregende und beruhigende Wirkung auf uns. Sie heben die Stimmung und verhelfen so zu körperlichem und seelischem Wohlbefinden. Alle in den hier vorgestellten Rezepturen enthaltenen ätherischen Öle können nach Belieben ausgetauscht werden.

BERUHIGENDER RAUMDUFT

Glas

Abdeckhaube aus Stoff

Band

1 Esslöffel Natron *(Natriumhydrogencarbonat)*

Lavendelzweige und/oder Lavendelblüten

Mandarinenschalen

10 Tropfen ätherisches Lavendelöl

5 Tropfen ätherisches Mandarinenöl

ZUBEREITUNG UND ANWENDUNG

1. Zerkleinerte Lavendelzweige, Lavendelblüten und Mandarinenschalen in ein kleines Glas geben.

2. Das Natron einfüllen und ätherische Öle darübertropfen.

3. Über das Glas eine luftdurchlässige Abdeckhabe aus Stoff befestigen.

Dieser Raumduft ist einfach herzustellen und kann indi- viduell gestaltet werden.

FRÜHLINGSFRISCHER RAUMSPRAY

ZUTATEN

1 Zerstäuber

100 g Wasser

10 g Ethanol

10 g Natron *(Natriumhydrogencarbonat)*

10 Tropfen ätherisches Pfefferminzöl

10 Tropfen ätherisches Zitronenöl

ZUBEREITUNG UND ANWENDUNG

1. Das Wasser auf ungefähr 60 °C erwärmen und das Natron darin auflösen.

2. Ethanol und ätherische Öle hinzufügen und die Mischung in einen Zerstäuber füllen.

Sehr gut eignet sich auch Ethanol, in dem Zitronenschalen ausgezogen wurden.

ANREGENDER DUFTSPRAY

ZUTATEN

1 Zerstäuber

60 g Wasser

20 g Wodka

1 Teelöffel Natron (*Natriumhydrogencarbonat*)

10 Tropfen ätherisches Salbeiöl

10 Tropfen ätherisches Grapefruitöl

ZUBEREITUNG UND ANWENDUNG

1. Das Wasser auf ungefähr 60 °C erwärmen und das Natron darin auflösen.

2. Wodka und ätherische Öle hinzufügen und die Mischung in einen Zerstäuber füllen.

Sehr gut eignet sich auch Wodka, in dem Grapefruitschalen ausgezogen wurden.

BELEBENDER DUFTSPENDER FÜR DEN WINTER

ZUTATEN

1 Zerstäuber	2 Gewürznelken
80 g Wasser	2 Anisdolden
50 g Wodka	Schale einer halben Orange
1 Vanilleschote	10 Tropfen ätherisches Orangenöl
1 Zimtstange	

ZUBEREITUNG UND ANWENDUNG

1. Orangenschale, Zimtstange und Vanilleschote grob zerkleinern. Das Mark der Vanilleschote ist hier nicht nötig und kann für die Nahrungszubereitung verwendet werden.

2. Zusammen mit Anis und Gewürznelken in Wodka einlegen. Diese Mischung für ein paar Tage an einem warmen Ort ziehen lassen. Sollten Sie einen Joghurtbereiter oder einen Babykostwärmer haben, dann können Sie die Auszugszeit erheblich verkürzen. Die Mischung wird darin über Nacht bei ungefähr 40 °C ausgezogen.

3. Dann den Auszug filtern und zusammen mit dem Wasser und dem ätherischen Orangenöl in einen Zerstäuber füllen.

Dieser Duft reinigt im Winter die Raumluft und hebt die Stimmung.

AROMA-LUFTBEFEUCHTER

Mag draußen der Winter auch noch so kalt sein, unsere Wohnungen sind dank moderner Heizungen trotzdem angenehm warm. Doch die künstliche Wärme senkt die Luftfeuchtigkeit in den Räumen. Die Schleimhäute in Mund und Nase trocknen aus, was zur Folge hat, dass wir anfälliger für Infektionen sind.

ZUTATEN	*Oder*	*Oder*
1 Zitrone	1 Orange	1 Grapefruit
1 Stängel Rosmarin	1 Zimtstange	1 Stück Ingwer
1 Stängel Thymian	3 Gewürznelken	1 Stängel Lavendel

ZUBEREITUNG

1. Orange, Zitrone oder Grapefruit in dünne Scheiben schneiden und in ein passendes Glas füllen.

2. Die dazupassenden Kräuter (3 Varianten) grob zerkleinern und ebenfalls in das Glas geben.

3. Mit Wasser auffüllen und die Mischung im Wasserbad erwärmen. Die warme Mischung entweder auf die Heizung oder auf ein Stövchen stellen. So bleibt das Aromawasser warm, kann weiterhin verdunsten und das Raumklima mit gezielter Feuchtigkeitszufuhr verbessern.

AROMA DiFFUSER

ZUTATEN

1 Glasgefäß mit engem Hals

4–6 Holzstäbchen

60 g Wodka

10 g Glycerin

10 Tropfen ätherisches Bergamotteöl

2 Tropfen ätherisches Jasminöl

2 Tropfen ätherisches Rosenöl

ZUBEREITUNG UND ANWENDUNG

1. Alle Zutaten in die Flasche füllen und die Holzstäbchen hineinstellen.

2. Der Duft wird über die Holzstäbchen an den Raum abgegeben.

Diese Duftmischung verbreitet eine warme, harmonische Atmosphäre.

ENTSPANNENDE DUFTKERZE

Mag draußen der Winter auch noch so kalt sein, unsere Wohnungen sind dank moderner Heizungen trotzdem angenehm warm. Doch die künstliche Wärme senkt die Luftfeuchtigkeit in den Räumen. Die Schleimhäute in Mund und Nase trocknen aus, was zur Folge hat, dass wir anfälliger für Infektionen sind.

ZUTATEN

1 kleines Glas mit Schraubverschluss

1 Baumwolldocht

20 g Bienenwachs

20 g Sonnenblumenöl

4 Tropfen ätherisches Lavendelöl

4 Tropfen ätherisches Fenchelöl

2 Tropfen ätherisches Kamillenöl

ZUBEREITUNG

1. Bienenwachs und Sonnenblumenöl sanft erhitzen und klar aufschmelzen.

2. Danach die ätherischen Öle eintropfen und untermengen.

3. Den zugeschnittenen Baumwolldocht in das vorbereitete Schraubglas stellen und oben festhalten, während die Fettmasse vorsichtig eingefüllt wird. Das Anbringen des Dochtes verlangt etwas Fingerspitzengefühl. Ich habe den Docht kurz in die flüssige Fettmasse getaucht und glatt gestrichen, dass er steif wurde.

ANWEDNUNG

Die Kerze wie gewohnt anzünden. Für die Aufbewahrung sollte das Schraubglas verschlossen werden, damit die ätherischen Öle nicht entweichen können.

Wie lässt sich ökologisches Putzen in den Alltag integrieren?

Mancher Leser stellt sich vermutlich die Frage, was der ganze Aufwand soll. Ist es sinnvoll, sich stundenlang mit der Herstellung von Putzmitteln zu beschäftigen? Ist es nicht furchtbar altmodisch, Putzlappen zu stricken? Klingt es nicht sehr bieder, wenn man sich dem Putzen so hingibt? Ist eine gute Haushaltsführung konservativ, ja sogar emanzipationsfeindlich?

Ich möchte nicht Ehrenvorsitzende des Hausfrauenverbandes von Stepford werden, denn ökologische Haushaltsführung ist durchaus keine Frauensache. Im Gegenteil, Männer haben sehr viel Spaß daran, Dinge selbst herzustellen. Sie gehen oft viel analytischer an die Sachen heran. Es kann auch reizvoll sein, die Themen rund um die Haushaltspflege gemeinsam zu besprechen. Bei einem Ideenaustausch können die Arbeiten sinnvoll verteilt und optimiert werden. Falls das schon wieder spießig klingt, dann muss ich darauf hinweisen, dass eine Diskussion über die vergangene Skripted-Reality nicht gerade anspruchsvoller Gesprächsstoff ist.

Schaffen Sie sich ein gesundes und ansprechendes Umfeld. Die Wohnung bzw. das Haus soll der Rückzugsort sein zum Wohlfühlen und Kraftschöpfen. Hinterfragen Sie als kritischer Verbraucher den Sinn der giftigen Inhaltsstoffe, vermeiden Sie sinnlose Verpackungen und überflüssige Umweltverschmutzung.

Wenn Sie sich also entschlossen haben, die konventionellen Reiniger gegen selbst gemachte auszutauschen, dann rate ich Ihnen dazu, dies schrittweise vorzunehmen. Nehmen Sie die Putzmittel in Ihrem Haushalt unter die Lupe, lesen Sie sich in Ruhe die Inhaltsstoffe durch und recherchieren Sie, was sich hinter den wissenschaftlichen Namen verbirgt. Dann können Sie entscheiden, ob Sie den Reiniger zukünftig wieder kaufen oder ob Sie besser selbst eine gesunde Alternative herstellen. So wird Ihr Putzschrank nach und nach leerer und die vielen bunten Plastikflaschen werden schrittweise durch Ihre eigenen Produkte ersetzt. Sie werden auch feststellen, dass immer weniger verschiedene Putzmittel in Ihrem Schrank stehen. Es ist auch nicht notwendig, dass Sie grundsätzlich alles selbst herstellen. Wählen Sie nur die Putzmittel aus, deren Herstellung Ihnen auch sinnvoll erscheint, und ergänzen Sie diese durch ökologische Kaufprodukte.

Hier nun einige Beispiele und Anregungen, wie Sie den grünen Weg finden, um zukünftig schöner zu putzen:

* Im späten Herbst beginnt die Saison für Zitrusfrüchte. Das ist der richtige Zeitpunkt, die Schalen nicht mehr wegzuwerfen, sondern gezielt in Essig oder Alkohol einzulegen.
* Im Frühjahr sprießt der Rhabarber und die Abfälle sind die Basis für viele Reiniger, die gut bevorratet werden können.
* Im späten Sommer werden die Kräuter geerntet und im Haus zum Trocknen aufgehängt.

Bei den hinten angegebenen Bezugsquellen können Sie alle von mir verwendeten Rohstoffe kaufen bzw. bestellen. Suchen Sie sich zuhause in Ruhe ein paar Rezepte aus und stellen Sie sich dementsprechend Ihren Einkaufszettel zusammen.

Wo bekomme ich was?

Drogeriemarkt:

Zitronensäure, Waschsoda,
Natron, ätherische Öle, Spiritus

Supermarkt:

Essig, Essigessenz, Zitronensäure,
Waschsoda, Natron

www.sansavon.com:

Ätherische Öle, Betain, Bimssteinmehl, Coco Glucosid

www.biovio.de:

Ätherische Öle, Betain, Schlämmkreide,
Alkohole und viele andere Rohstoffe

Baumarkt oder www.violey.com:

Wiener Kalk

weitere links:

www.naturkosmetik-werkstatt.at
www.naturschoenheit.at

Fragen Sie auch in Ihrer Apotheke nach!

QUELLEN

» Elemente Chemie 1, Schulbuch Klasse 8–10, Ausgabe Baden-Württemberg, erschienen im Ernst Klett Verlag Stuttgart, 2006
» Niederösterreichische Umweltberatung und Arbeiterkammer, Ergebnisse der Auswertung Reinigungsmittel für Küche und Geschirrspülen, Mai 2007
» Studie der Stiftung Warentest: Geschirrspültabs müssen nicht giftig sein, April 2015
» Deutsches Umweltbundesamt, Publikation von Marcus Gast vom 05.04.2016: „Weniger ist mehr, auch beim Frühjahrsputz"

ÜBER DIE AUTORIN

Inés Hermann ist 1961 auf der Schwäbischen Alb geboren und der Heimat treu geblieben. Sie ist Ehefrau, Mutter von 5 Söhnen, Großmutter von 2 Enkelkindern, Filzerin, Selbermacherin, Naturfreundin, Wanderin, Kräutersammlerin, Kosmetikrührerin, Seifensiederin, fantastische Rollenspielerin, Bücherliebhaberin, Nostalgikerin, Umweltschonerin, Wiederverwerterin und Ideenanhäuferin, die sich mehr Zeit wünscht.

Inés Hermann

Baby- & Kinderpflege
Natürlich selbst gemacht

Lavendel-Reinigungsfluid, Verwöhnöle für Babymassagen, Badezusätze auf Kräuterbasis und nicht zuletzt Pflegemittel für die (werdende) Mama wie Ringelblumenkörpersahne – eine Palette an natürlichen, selbst gemachten Pflegemitteln hat die Autorin in ihrem Programm. Aber auch ihre Hinweise, wie bedenklich manche gekauften Produkte z.B. Babyfeuchttücher aufgrund ihrer Inhaltsstoffe sind, leisten einen wichtigen Beitrag zur Aufklärung der Konsumenten und sind Teil ihres fundierten Grundlagenwissens im Bereich der Babypflege.

ISBN 978-3-99025-251-2

Shia Su

Zero Waste
Weniger Müll ist das neue Grün

Müll ist ein gravierendes Problem unserer Zeit. Dieses Problem wächst rasant, so wie die Müllberge an Größe zunehmen. Zeit, endlich einmal etwas Effektives dagegen zu tun! Shia Su hat es getan. Konsequent. Und eine Statistik darüber geführt. Letzten Endes ihren Müll von einem Jahr in einem Einmachglas gesammelt – mehr war es nicht. Wie so etwas Unglaubliches möglich ist, erklärt sie in diesem Buch. Zur Nachahmung schwerstens empfohlen!

ISBN 978-3-99025-273-4

Weitere Fotos im Buch © Shutterstock: Kati Molin, Sandra Cunningham, Elzbieta Sekowska, TwilightArtPictures, Kerry Garvey, images72, joannawnuk, Lasse Hendriks, senseimpression, The Escape of Malee, Elena Hramova, Number1411, Maren Winter, JPC-PROD, Antonina Vlasova, VectorPot, tachyglossus, AKaiser, Skokan Olena